MOON NOTES

»Your life is your art«
für all jene, die immer wieder springen

Dieses Buch ist eine Sammlung meiner persönlichen Erinnerungen und Gedanken. Ich habe mich bemüht, sie in jedem Kapitel offen, ehrlich und authentisch wiederzugeben. Gelegentlich wurden Szenen und Zeitpunkte angepasst, um sie verständlicher zu machen. Die meisten Namen, abgesehen von Personen, die mir besonders nahestehen, wurden geändert, um die Privatsphäre zu schützen. Ähnlichkeiten mit realen Personen sind rein zufällig.

LINA
MALLON

30 moments

Von besonderen Begegnungen, schwierigen Entscheidungen und den kleinen und großen Momenten dazwischen

MOON NOTES

Originalausgabe
1. Auflage

Satz: Sabine Conrad, Bad Nauheim
Druck und Bindung: Finidr, s.r.o.,
Lípová 1965, 737 01 Český Těšín, Tschechische Republik
Printed 2024
ISBN 978-3-96976-052-9

www.moon-notes.de

Intro

`Es gibt nichts zu tun, außer zu springen.`

Es gibt keinen perfekten Zeitpunkt, es gibt nicht diesen einen Augenblick, in dem sich alles fügt, es gibt nicht diesen einen Menschen, auf den wir einfach nur warten müssen, der uns dann an die Hand nimmt und endlich ins Glück zieht. Es gibt keinen Trailer, keinen Testlauf – das hier ist unser Leben. Es will nicht vorsichtig abgetastet, sondern ausgekostet, ausgemalt, umarmt und immer wieder geändert werden.

In meinem letzten Buch schrieb ich von 30 Frauen. Von Begegnungen, die mich inspiriert und begleitet haben, die ein Zeichen für mich oder in mir setzten. In diesem Buch vertiefe ich mich in die Eine, die ich immer mitnehme, ganz egal, wohin es mich zieht. Ich erzähle von 30 Momenten, in denen ich sie besser kennenlernte, sie mal euphorisch, mal trotzig, mal verletzlich erlebte, ihr dabei zusah, wie sie sich verlor, mich manchmal sogar vor ihr erschreckte und dann doch immer wieder mit ihr versöhnte.

Es gibt in unserem Leben diese eine sich immer wieder verändernde Reise, die nie zu Ende geht – die zu uns selbst.

Ich hoffe, wir alle finden den Mut, sie zu genießen. Erlauben uns selbst, so kühn und ehrlich zu existieren, wie wir nur können. Nicht auf alle Fragen gibt es eine Antwort, nicht jedes Ziel braucht einen Plan, und nicht jeder Plan wird aufgehen.

Nicht jeder Moment wächst zu einer Erinnerung, die wenigsten müssen gejagt oder gesucht werden. Die Kunst vom Glück liegt nicht darin, für den einen Moment zu leben – sondern *mit* ihnen allen.

#1

Ein Moment der Freiheit

`Wenn nichts so kommt, wie es kommen sollte, heißt das vielleicht, dass du gerade dabei bist, in eine Richtung zu stolpern, die du sonst nie gefunden hättest.`

Das ist ein guter Gedanke, ein guter Satz. Auch wenn ich mich gerade beinahe zwingen muss, ihn zu glauben, ihn beinahe trotzig aufschreibe, um ihn festzuhalten und danach von mir wegschieben zu können. Auf einem losen Zettel finde ich Platz. Zweimal muss ich neu ansetzen, den letzten Rest Tinte an die Spitze des Kugelschreibers schütteln, dessen Label ich kaum noch lesen kann. Am Anfang meiner Reise habe ich mit ihm eine Restaurantrechnung unterschrieben, ihn danach gedankenlos eingesteckt und ein paar Tage später wieder in meiner Jackentasche ertastet. Seitdem hat er mit mir das Western Cape Südafrikas bereist, ist ein paarmal auf dem kleinen Eisentisch meiner Terrasse über Nacht feucht geworden und in der Mittagssonne getrocknet, hat diese eine Nummer auf mein Handgelenk geschrieben, die ich seitdem immer wieder wählte, heftete sich an mein Journal, an meine Ideen, skizzierte meine Pläne und lag neben mir, als ein Gespräch sie auflöste. Mit meinem Daumen drücke ich die Plastikkappe wieder auf seine Spitze, lasse ihn in den Umschlag meines Journals fallen und greife nach dem halb leeren Bier, das ich in meinem Schoß balanciere. Ich puste den Sand vom Flaschenhals und nehme einen Schluck, lasse ihn dann genauso sacken wie die letzten Tage.

Für ein paar Wochen hatte es sich angefühlt, als würde aus einem wilden Traum ein realer Plan werden. Als würde mein rastloses, sich nach immer wieder neuen Orten und Anfängen sehnendes Leben, das sich manchmal so aufregend und manchmal so zerstreut anfühlte, sich auf einmal bündeln und mir damit zum ersten Mal seit langer Zeit das Gefühl geben, dass ich wirklich wusste, was ich wollte. Ich gehöre der Generation an, die sich nicht entscheiden kann. Für die das eine zu wählen das andere zu verlieren bedeutet. Eine Generation, die von ihren Eltern beinahe eingebläut bekommen hat, dass sie alles könnte, was sie nur wollte, aber vielleicht trotzdem nicht unbedingt sollte. Niemals einfach so springen, immer noch mit einer Hand den Ast umklammern, den eigenen Weg finden und das Größte aus all den Möglichkeiten machen, aber doch in Sichtweite bleiben. Nie so weit ins Unbekannte laufen, dass man nicht mehr umdrehen könnte. Finde heraus, wer du sein willst, solange du dabei keine falschen Entscheidungen triffst. Ein Plan, der nicht aufgeht. Wir sind die Generation, die nervös und ungeduldig durch ihr Leben stolpert und dabei trotzdem ständig im Flur herumsteht.

Und dennoch – wirklich frei fühlte ich mich in meinem Leben immer nur dann, wenn ich mich entschied. Gegen das Studium, das mir nichts bedeutete, und damit auch gegen die Erwartungen, die niemals meine eigenen waren. Gegen den festen Job, in dem ich gut verdienen, aber niemals wachsen würde. Für das Leben als freiberufliche Fotografin und Autorin. Für ein Leben unterwegs. Für den Plan, irgendwann nach Südafrika auszuwandern. Manchmal sogar einfach nur für das Unbekannte. Eine neue Möglichkeit voll anzunehmen, auszukosten, einen Funken zu einem Ziel zu machen, es zu erreichen und von dort aus auf all das zurückzuschauen, was du währenddessen erlebt, mitgenommen und manchmal ausgehalten oder überwunden hast, ist eine der schönsten Formen von Euphorie, die ich mir selbst schenken kann. Etwas auszuschlagen, abzulehnen, meine Grenzen und Wünsche zu ehren, einen Ort oder eine Erfahrung hinter mir zu lassen, ist eine Bestärkung, die ich mir selbst schuldig bin. Die Entscheidungen in meinem Leben waren bis hierher nicht alle richtig. Wie auch? Sie kamen manchmal zu spät, zu leise, zu trotzig, manchmal waren sie nur ein Anfang, manchmal ein stilles Ende. Aber sie alle haben mich ein bisschen dichter an mich selbst herangebracht. Es ist okay, nicht zu wissen, wohin du willst, wenn du dabei bist, herauszufinden, wer du sein willst.

Ich ziehe den Pullover, den ich um meine Schultern geschlungen habe, über den Kopf und wärme meine Finger in seinen Ärmeln. Der Wind, der schon den ganzen Tag über um die Stadt kreist, hat seit dem Sonnenuntergang gefühlt noch einmal an Stärke gewonnen. In ein paar Minuten wird es dunkel. Das geht schnell hier unten. Während ich auf meinem Balkon in Hamburg manchmal noch bis in die späten Abendstunden den Wolkenfetzen beim Färben und Verblassen zusehen kann, ist das Ende eines Tages so viel dichter am Äquator meistens nur ein paar Minuten lang. Ich muss mich auf den Weg machen, wenn ich die sandigen Treppen zurück zur Hauptstraße nicht im

Dunkeln hochsteigen will. Nur noch einen Moment, entscheide ich. Einen Moment länger von hier aus auf den Atlantischen Ozean schauen.

Morgen Nachmittag geht mein Rückflug. Meine Koffer stehen gepackt in meinem kleinen Apartment auf der Kloof Street. Ich habe mir ausgemalt, dass wir einander versprechen würden, uns zu vermissen, uns zum Abschied küssen und beide wissen würden, dass das hier ein kleiner Anfang sein könnte. Ich habe geplant, meinen Arbeitsvertrag erst im Flugzeug zu unterschreiben, symbolisch, zwischen den zwei Welten.

Aber so wird es nicht kommen. Es gibt keinen Arbeitsvertrag, nur eine Absage. Keinen Abschiedskuss, nicht einmal einen letzten. Ich werde uns vermissen. Ich tue es jetzt schon. Aber das ist alles. Wenn ich morgen den Flug LH757 boarde, dann gibt es da keinen Anfang, den ich mir ausmalen könnte. Nur die Gewissheit, dass ich wieder vollkommen neu anfangen muss, neuen Anlauf nehmen muss – und werde.

Ich greife noch einmal nach dem Stift, ziehe ihn aus dem Journal und schreibe unter meine letzte Notiz:

Was bleibt, ist die Freiheit.

Manchmal findest du sie in einer Entscheidung, manchmal im Ungewissen. Darin, nicht zu wissen, was kommen könnte, aber festzuhalten, was du nie wieder verlieren willst.

Ich bleibe mir. Immer.

#2

Ein Moment, in dem ich Mut entdecke

Noch fünf Springer stehen vor mir. Ich halte mich mit beiden Händen an den Eisenstangen der rutschigen Treppe fest, verlagere mein Gewicht immer wieder vom einen aufs andere Bein. Mein Kopf sucht nach Entschuldigungen, nach Ausreden, Auswegen. Die Trillerpfeife schrillt, nur noch vier, jetzt sogar schon nur noch drei Springer vor mir. Für die einen ist es die Schwimmsportwoche meiner Grundschulklasse, für mich ist es der allergrößte Albtraum. Ich bin acht Jahre alt, ich kann schwimmen, ich kann tauchen. Aber ich sehe keinerlei Nutzen darin, mich aus einigen Metern Höhe – drei, um genau zu sein – ins Nichts fallen zu lassen. Mein Lehrer, Herr Bischoff, sieht das anders. Seit vier Tagen lässt er uns zum Abschluss eines jeden Schwimmtages antreten. Der Klassenliste nach stehen wir an, springen auf seinen Pfiff vom Turm und dürfen uns umziehen gehen, bevor der schwerfällige Omnibus uns vor dem Freibad wieder einsammelt. Ich bin noch kein einziges Mal gesprungen. Und das macht das Ganze noch schlimmer. Statt des Busses warten heute unsere Eltern auf uns, die mit den Lehrkräften ein Grillfest vorbereitet haben, um gemeinsam unsere bestandenen Schwimmabzeichen zu feiern. Das hier ist meine letzte Chance, mir das silberne Abzeichen zu sichern, der Sprung vom Brett ist die letzte Pflichtaufgabe. Unter dem

Applaus der Eltern springt Elena ins Wasser. Nur noch zwei Springer vor mir.

Vor zwei Tagen hatte Herr Bischoff meiner Freundin Sarah, die zögernd am Brettrand gestanden hatte, einen Schubs gegeben. Während sie erst überrascht und dann breit grinsend wieder auftauchte und sich von ihm im Anschluss ihr Abzeichen abholte, machte sich in mir nur noch mehr Panik breit. Nur um sicherzugehen, dass er mich nicht ebenfalls über die Kante stoßen könnte, ließ ich mittlerweile das Geländer am Sprungturm nicht mehr los. Ein paar Minuten stand ich so da, hielt aus, dass die Klasse mich erwartungsvoll anfeuerte, nur um danach enttäuscht zu murren. Johannes aus der Parallelklasse hatte gestern laut »Lasst, die springt eh nicht!« gerufen, und sosehr er mir zuwider war, ich brachte es nicht über mich, ihm das Gegenteil zu beweisen.

Stattdessen wartete ich ab, dass Herr Bischoff mich nach einer gefühlten Ewigkeit mit den bekannten Worten »Na, vielleicht wird es morgen was!« vom Turm winkte, und versteckte mich danach sofort in den Umkleiden.

Jetzt winkt er mich zu sich. Pfeift, als würde er selbst daran glauben, dass dieses Signal mich heute tatsächlich dazu bringen wird, dieses Brett in Richtung Wasseroberfläche zu verlassen.

»Komm, Lina, letzte Chance heute!«, sagt er und sieht mich abwartend an. Unten am Beckenrand beginnen die Eltern, zu klatschen. Auf den ersten Blick erkenne ich ein paar der Mütter meiner Freundinnen. Sarahs Mama winkt mir zu, neben ihr sehe ich meine eigene Mutter. Als wir Blickkontakt haben, formt sie ihre Hände vor dem Mund zu einem O und ruft dann: »Na los, du schaffst das!«

Du schaffst das. Das sagt sie nicht zum ersten Mal. Natürlich habe ich ihr davon erzählt, wie viel Angst es mir macht, von diesem Turm zu springen. Und sie hat mehr als einmal geantwortet: »Du schaffst das schon.«

Und wenn ich fragte: »Wie denn?«, antwortete sie: »Augen zu und durch. Einfach springen.«

»Ich kann nicht«, sage ich leise und schüttle den Kopf.

»Komm, geh wenigstens mal zum Brett, damit du siehst, dass es gar nicht so hoch ist.« Herr Bischoff startet eine vorsichtige Verhandlung. *Damit du mich schubsen kannst,* denke ich.

Wieder schüttle ich den Kopf.

»Augen zu und springen!«, ruft meine Mama.

Jetzt stimmt meine Klasse ein. Da ist es wieder, das Klatschen, das Rufen, das Hoffen.

»Trau dich!«

»Komm schon!«

»Spring einfach!«

Als ich in der Menschengruppe jetzt auch noch meinen Papa erkenne, der sich einen Weg zu den anderen Eltern bahnt und mir zuwinkt, wird mein Gesicht heiß. Und sosehr ich dagegen ankämpfe, schießen mir Tränen in die Augen. Ich weiß damals noch nicht, dass es Scham ist. Das Gefühl, vor den Menschen, die mir in diesem Moment die Welt bedeuten, zu versagen. Dass ich mich vor meinen Freunden bloßgestellt und wie eine Verliererin fühle und – obwohl alle das Gegenteil behaupten – nichts dagegen machen kann. Alles in mir sträubt sich. Wieder schüttle ich den Kopf. Wieder ein leises, abebbendes »Oooh«, als ich mich umdrehe und die Leiter wieder nach unten steige.

Der Bademeister, der die Situation beobachtet hat, wirft mir einen aufmunternden Blick zu.

»Ganz viele Leute mögen den Sprung nicht. Selbst Erwachsene haben Angst, und das ist okay. Mach dir nichts draus.« Ich nicke halbherzig und wische mir durchs Gesicht, möchte gar nicht, dass ich ihm leidtue, möchte am liebsten vorspulen, raus aus diesem Moment.

Ich wickle mich in ein Handtuch und sehe meine Mutter auf mich zukommen.

»Na, komm her, du kleiner Angsthase«, sagt sie lachend und umarmt mich, versucht, mich aufzumuntern.

»Ich bin kein Angsthase«, murmle ich.

»Na doch, ein bisschen schon.«

Ich habe meine Mutter noch nie auch nur vom Beckenrand springen sehen. Dabei ist sie eine gute Schwimmerin, im Winter trifft sie sich oft mit Freundinnen im Schwimmbad, verabredet sich zu ein paar gemeinsamen Bahnen und einem Saunagang. Wenn wir Urlaub am Meer machen, tobt sie mit mir in den Wellen, wirft an Pooltagen immer wieder einen roten Gummiring ins Wasser und sieht mir dabei zu, wie ich nach ihm tauche, und trainiert mit mir, längere Strecken zu schwimmen. Aber nie üben wir einen Kopfsprung, nie springen wir zusammen von einem Turm oder Startblock. Auf einmal kommt mir der Gedanke, dass sie selbst vielleicht auch nicht ganz so mutig ist, wie ich es gerade sein soll.

»Du würdest da auch nicht runterspringen«, protestiere ich.

»Ich will ja auch kein silbernes Abzeichen machen«, antwortet sie.

Wenn ich heute auf diese Situation zurückschaue, sie noch einmal durchlebe, wünschte ich mir, meine Mutter hätte anders reagiert. Auch wenn ich weiß, dass sie den Moment vermutlich ganz anders als ich wahrgenommen hat, mich liebevoll aufmuntern wollte und ihre Worte vielleicht sogar ein Versuch waren, dem Thema seine Ernsthaftigkeit zu nehmen. Meine Mutter wollte mich schnell über eine unangenehme Situation hinwegtrösten, sie abhaken und nicht weiter bewerten. Aber schon damals als Kind konnte ich besser mit echten Erklärungen, mit einem Gespräch über die eigenen Gefühle umgehen, als mit einem schnellen Überspielen oder dem wortlosen Abhaken einer Situation. Das Frustrierendste für mich war in dem Moment, dass ich meine eigene Angst nicht verstand. Dass ich nicht verstehen konnte, wovor ich mich so fürchtete, und nicht wusste, wie ich anfangen konnte, diese Furcht zu überwinden. Und vielleicht ist das sogar noch heute ein Teil der Dynamik zwischen mir und meiner Mutter. Sie hat oft Angst um mich, sorgt sich um mich, noch immer – möchte aber gleichzeitig, dass ich mutig, stark und unerschrocken bin, meine eigenen Entscheidungen treffe und Wege gehe. Nur um mich manchmal genau dann wieder besorgt zu bremsen, wenn ich gerade dabei bin, meine eigenen Erfahrungen zu machen.

Wenn ich mit meiner Freundin bei meinen Großeltern im Garten nach Kirschen angelte und mich bis auf die letzte Sprosse der Leiter traute, rief sie erschrocken: »Pass bloß auf! Weißt du, was alles passieren kann?!« Wenn ich mir Reitunterricht wünschte, waren ihre Zweifel stärker: »Das ist viel zu gefährlich! Was, wenn du dir etwas brichst?« Aber wenn ich Angst auf dem Sprungturm hatte oder Lampenfieber vor einem Auftritt, schob sie mich an, mutig zu sein und meine Aufregung oder Unsicherheit zu überwinden. »Du bist doch sonst nicht so ängstlich!« Es gab nicht selten Momente in meiner Kindheit, in denen ich nicht ganz sicher war, ob ich mir gerade zu viel oder zu wenig zutraute. Und einem kleinen Teil von mir geht es vielleicht sogar noch immer so. Zu mutig oder zu ängstlich? Wann springen, wann festhalten, wann loslassen? Wenn du acht Jahre alt bist, geht es um ein Dreimeterbrett. Später geht es um die Fragen, wohin wir wollen, wer wir werden, was wir studieren, wo wir leben, wohin wir reisen wollen – was uns glücklich macht.

Es ist eine bekannte Übung in der Meditation und sogar in der Psychotherapie, sich visuell eine Situation aus der Kindheit, die einen noch immer beschäftigt, vorzustellen. Dabei hilft es, unsere Augen zu schließen, unsere rechte Handfläche offen auf unsere Brust zu legen und tief zu atmen, während sich vor uns die Szene Stück für Stück aufbaut. Vorsichtig nähern wir uns unserem jüngeren Ich, setzen uns zu ihm und sagen all das, was wir in dieser Situation gern gehört und gebraucht hätten.

»Hab keine Angst. Der Sprung kribbelt im Bauch, aber so schnell, wie der erste Schreck vorbei ist, verwandelt er sich in Euphorie. Das ist dieses Gefühl, das dich grinsen und lachen und dich ganz frei und leicht fühlen lässt. Das Eintauchen geht so schnell, dass du es kaum bemerkst, bevor deine Arme und Beine instinktiv die Schwimmbewegungen beginnen und du wie ein Korken wieder nach oben schnellst. Hab keine Angst davor, zu fallen. Wenn du selbst entscheidest, wann du springst, fühlt es sich nämlich wie Fliegen an.«

Wir selbst sind nun die Erwachsenen, die wir als Kinder manchmal gebraucht hätten und die unserem inneren Kind noch immer beistehen können. Wir haben auch als Erwachsene noch die Chance, vergangene Situationen zu heilen und besser zu verstehen. Nicht selten haben wir nämlich schon als Kinder, wann immer wir eine Angst überwunden haben, instinktiv gewusst, dass wir stark oder entschlossen genug sind, dass wir uns vergeben, uns fangen und fallen lassen, dass wir für uns selbst da sein können. Unser Mut steckt längst in uns. In unserem Innersten.

Als wir schließlich unsere bronzefarbenen Urkunden überreicht bekommen, sind wir zu dritt.

Unsere Eltern klatschen, lächeln uns zu, nehmen uns aber trotzdem nicht das Gefühl, die Schlusslichter unserer Klasse zu sein und die Trostpreise abgeräumt zu haben. Alle anderen haben mindestens das silberne Abzeichen erreicht, einige sogar Gold. Für einen großen Teil des Nachmittags fühlt es sich so an, als wären alle meine Klassenkameraden ein Team, ein paar von ihnen die Kapitäne und wir drei lediglich Zuschauer. Während wir uns auf dem angrenzenden Spielplatz austoben dürfen, sprechen sie aufgeregt über Saltos und Flops, trainieren auf dem Trampolin Sprünge und Figuren, treten gegeneinander an. Ich sitze dabei, feuere meine beste Freundin Sarah an, teile mir mit ihr eine Bratwurst, halte ihre Jacke, wann immer sie wieder in die Mitte des Trampolins steigt, jubele laut, wenn ihr ein Überschlag gelingt – und bin ein bisschen neidisch. *Ich will das auch. Ich will mich auch trauen. Ich will auch mitmachen.* Vorsichtig klettere ich auf das Trampolin, federe eine paarmal, bevor ich mich abstoße und dann vom Trampolin wieder auffangen und erneut in die Luft katapultieren lasse. Mein Bauch kribbelt so sehr, dass ich lachen muss. Sarah greift meine Hände und zieht mich in die Mitte, dort, wo die Schwingung am größten ist. »Mach's mir nach!«, ruft sie mir zu, springt ab, landet im Schneidersitz, nur um offenbar mühelos mit dem nächsten Schub des Trampolins wieder auf ihre Füße zu fallen.

»Tu dir bloß nicht weh!«, warnt mich eine bekannte Stimme in meinem Kopf, aber bevor ich darüber nachdenken kann, lasse ich mich von Sarahs Euphorie anstecken.

Es klappt, einfach so. Und dann noch einmal und noch einmal. Ich springe, lasse mich fallen, lege mich irgendwann sogar flach auf das Trampolin und lasse mich von meinen Freunden in die Luft katapultieren. Irgendwann setzen wir uns vollkommen außer Atem wieder auf den Rand, trinken eine kalte Fanta und lassen unsere müden Beine baumeln. Ein bisschen berauscht von so viel Sonne, so viel Kribbeln und Leichtigkeit, sehe ich Sarah mit einem breiten Grinsen an.

»Kommst du kurz mit?«, frage ich sie und warte kaum ihre Antwort ab, laufe einfach los und höre sie dann direkt hinter mir.

Niemand steht Schlange, die Treppe ist vollkommen leer. Es ist spät geworden, aber der Beton, über den wir laufen, ist immer noch warm, vollgesogen mit Sonne. Das Freibad schließt in einer halben Stunde. Die meisten Familien sind längst dabei, ein letztes Mal auf ihren Handtüchern zu trocknen. Meine Hände finden das Geländer, und ohne zu zögern, steige ich sämtliche Stufen nach oben, drehe mich kein einziges Mal um und stelle mich schließlich mit klopfendem Herzen an die Kante des Brettes. Ich schiele zum Turm des Bademeisters, er hebt den Daumen – und ich mache einen Schritt zurück. Einen Moment habe ich wirklich geglaubt, sie abgehängt zu haben, aber da ist sie wieder: die Angst. Was, wenn ich mir wehtue?

Irgendetwas falsch mache? Was, wenn ich falsch aufkomme? Was, wenn die Angst in meinem Bauch nach der Landung nur noch größer wird? Aber was, wenn es genauso kribbelt wie auf dem Trampolin? Was, wenn es genauso viel Spaß macht? Und was, wenn ich gerade dabei bin, es zu verpassen? *Ich will mich trauen,* beschließe ich, und ohne noch ein weiteres Mal darüber nachzudenken – springe ich. Hunderte Luftblasen prickeln auf meiner Haut, steigen neben mir auf, während ich zurück an die Wasseroberfläche strample. Meine Nase brennt, und ich verschlucke mich mehr als einmal, als ich zum Beckenrand schwimme. Hustend halte ich mich mit einer Hand fest, mit der anderen reibe ich das Wasser aus meinen Augen und sage immer wieder: »Ich bin gesprungen, ich bin echt da runtergesprungen!« Sarah und ich klatschen uns ab.

»Noch mal?«, fragt sie mich.

Ich nicke. »Ein Mal noch, aber nur, damit es auch wirklich passiert ist.«

Ich habe mein silbernes Abzeichen dann übrigens doch noch bekommen. Der Bademeister hat es aus seinem Büro geholt und meinen Namen auf die neue Urkunde geschrieben. Als ich neulich in alten Unterlagen blätterte, fiel sie mir wieder in die Hände. Bis heute sind Dreimeterbretter oder Felsvorsprünge eine kleine Überwindung für mich, die den Mut in mir herausfordert und mich an das Kind in mir erinnert. Daran, dass ich mich nicht einfach mit geschlossenen Augen fallen ließ, sondern den Mut in mir selbst fand, um wirklich abzuspringen. Ich habe mich noch nie dazu drängen lassen, meine Ängste, Fragen, Zweifel und Gefühle einfach loszulassen. Ich hatte noch nie das Gefühl, dass mir Mut zugesprochen oder zugerufen werden konnte. Ich glaube, er muss viel eher heranwachsen, muss sich so lange in uns sammeln, bis die Aufregung, etwas Unbekanntes zu entdecken, etwas Neues zu wagen, es einfach zu versuchen, so viel größer ist als die Angst, zu scheitern.

Mutig sein bedeutet nicht, dass du dir alles zutraust. Angst zu haben, ist eines der menschlichsten Gefühle überhaupt. Sie gehört zu uns – nur wir niemals ihr.

Wann immer mein Herz zu schnell zu schlagen beginnt, mir die Nervosität in den Magen sinkt und aus einem Kribbeln eine unerträgliche Unruhe wird, erlaube ich mir, einen Schritt zurückzugehen, und erinnere mich daran, dass ich jederzeit wieder die Leiter nach unten steigen kann, wenn es gar nicht anders geht. Und dass es fast keine Entscheidung da draußen gibt, die man nicht auch wieder ändern könnte. Die Wahl des Studiums, eine Trennung, ein Umzug in eine neue Stadt, ein neuer Job, ein neuer Mensch in meinem Leben, so viele Reisen allein, irgendwann Südafrika, das Auswandern, ein Haus bauen, ein Buch schreiben und dann noch eins. All diese Schritte haben mir irgendwann, irgendwie mal Angst gemacht. Und für all das habe ich mich dennoch entschieden. Habe meinem Innersten die Frage gestellt: Wenn ich jetzt und hier die Reißleine ziehe, umdrehe, wie fühlt sich das an?

Wie eine Erleichterung? Wie ein tiefer, ruhiger Atemzug? Dann steige ich vorsichtig wieder herunter.

Aber würde ich etwas verpassen? Aufgeben? Jetzt schon vermissen, obwohl ich es noch nicht einmal versucht habe? Dann springe ich. Greife nach meiner Entscheidung und springe.

#3

Ein Moment, der das Fernweh weckt

»*Life is a journey and if you fall in love with the journey, you will never not be in love!*«, stand auf dem ausgeblichenen Plakat in der Ankunftshalle. Ich verzog den Mund, während ich schon zum dritten Mal den kitschigen Schriftzug in ehemals leuchtendem Orange las. Auf dem Bild darunter war eine Gruppe Backpacker zu sehen, die sich umarmten, lachten und mit den Füßen im Sand standen. Einer hielt einen Volleyball, ein anderer hatte seinen linken Arm in den Himmel gereckt und formte seine Hand zu einem Peace-Zeichen. Gemeinsam sahen sie aus wie eine Casting-Band: austauschbar, aber vielleicht auch gerade generisch genug, um uns das Gefühl zu geben, wir könnten sie sein. Und das in weniger als ein paar Stunden, sobald unser Gepäck in Kofferräumen verteilt und alle Schüler ihren Gasteltern zugeordnet sein würden. Das Plakat diente uns nicht nur als Inspiration für unsere kommenden drei Wochen, sondern auch als Sammelstelle. Schon von Weitem war das große Logo des Anbieters zu erkennen gewesen, bei dem unsere Eltern uns eine Sprachreise nach Brighton gebucht hatten. Meine beste Freundin und ich würden zum ersten Mal ohne unsere Eltern Zeit in einem anderen Land verbringen. Fern von den Badestränden der Kanarischen Inseln oder der RIU-Hotels der späten Neunzigerjahre, die ich mit meiner Familie so oft besucht hatte. Keine Saftcocktails mit Schirmchen in der Poolanlage, keine Schnorchelausflüge, keine langen Abende im Restaurant an der Strandpromenade, das meine Eltern immer zum Anfang einer Reise auswählten und danach wieder und wieder besuchten. Dafür eine Gastfamilie, ein Stundenplan für den Vormittag, Lernziele, aber auch freie Nachmittage, die wir selbst gestalten konnten, geplante Lagerfeuer und Sonnenuntergänge am Strand, 20 Teenager im Alter von 14–17 Jahren und ganz viel Aufregung im Bauch. Für unsere Eltern bedeutete diese Reise, dass sie es uns ermöglichten, unsere Englischkenntnisse zu vertiefen, die Sprache anzuwenden, wirklich zu verinnerlichen. Sie erhofften sich von den drei Wochen, die wir an der Südküste Englands verbringen würden, vor allem, dass sie unsere Chancen für unseren späteren Lebensweg, beim Abi oder im Studium steigern würden. Natürlich wünschten Sarah und ich uns das Gleiche: endlich wirklich Englisch sprechen, uns endlich mit *Locals* und nicht nur unserer Lehrerin unterhalten. Erleben, wie es sich anfühlt, wenn du in einer Sprache nicht nur Aufsätze schreibst, sondern sie ganz alltäglich anwendest. Aber noch größer als das war die Sehnsucht nach einem ersten eigenen Abenteuer. Zum ersten Mal ein Stück Welt, das wir beide noch nie zuvor gesehen hatten, beinahe ganz allein entdecken zu dürfen.

Unsere Gastmutter stellte sich als Kathleen Warwick vor, war Anfang 50, und ihr blumiges Parfüm kitzelte in meiner Nase, als sie mich zur Begrüßung umarmte. Als wir den Parkplatz erreichten, frischte der Wind auf und wirbelte ihre langen Naturlocken, in denen eine Sonnenbrille steckte, durcheinander. Sie strich sich ein paar Strähnen aus dem Gesicht und zog die Jeansjacke, die sie über ihrem leuchtend gelben Sommerkleid trug, vor der Brust zusammen. »Willkommen in Brighton!«, kommentierte sie das wechselhafte britische Wetter.

Auf ihrer Nase tanzten die Sommersprossen, wenn sie lachte oder sprach. Sie trug ein paar dünne Ketten mit verschiedenen Anhängern um ihren Hals und fast gar kein Make-up. Lediglich ihre Lippen leuchteten in einem hellen Pink. Sie sprach so schnell, dass ihre Stimme sich manchmal fast überschlug, dann entschuldigte sie sich kurz und vergewisserte sich, dass wir sie trotzdem verstanden hatten.

»Verzeiht, wenn ich ein bisschen zu schnell und zu viel rede und euch mit so vielen Informationen überfalle. Ich freue mich einfach jedes Mal so sehr, ein paar neue Gesichter kennenzulernen!«, sagte sie lachend und öffnete den Kofferraum ihres Geländewagens, um unser Gepäck zu verstauen. Auf den ersten Blick wirkte sie ganz anders als unsere Mütter oder eigentlich jede andere Mutter, die ich bisher kennengelernt hatte. Meine Mutter und auch Sarahs strahlten beide Sicherheit aus, waren für uns wie geduldige Ruhepole. Kathleen wirkte im Vergleich dazu wie ein vollkommen neuer Gegensatz voller Farbe und Worte. Dennoch, oder vielleicht gerade deshalb, fühlte ich mich in ihrer Gegenwart sofort wohl und ließ mich von ihrer lebendigen Vorfreude auf unsere gemeinsame Zeit anstecken. Während der Fahrt vom Bahnhof zu unserem Zuhause auf Zeit erzählte sie uns von ihrer Familie: von ihrem Mann Alan, mit dem sie schon seit mehreren Sommern Gastschüler aus unterschiedlichsten Ländern aufnahm, von ihren Söhnen, die beide in London studierten, und ihrer jüngsten Tochter Sophie, die als Einzige noch zu Hause wohnte. »Ich mag es einfach nicht, wenn unser Esstisch abends so leer aussieht, wenn wir neben ein paar freien Stühlen sitzen und es nach dem Abendessen direkt still im Haus wird. Ich mag es, wenn unser Haus wie ein Hafen ist. Ein Ort für gute Gespräche und um als Familie zusammenzukommen, aufzutanken, bevor jeder am nächsten Tag wieder loszieht und neue Erfahrungen sammelt.«

Tatsächlich fühlte sich das Reihenhaus im Princess Crescent, das sich schmal und lang in einen anliegenden Garten streckte, auch genau so an. Neben uns hatten die Warwicks noch zwei weitere Mädchen aufgenommen. Jede von uns bekam einen Schlüssel. Wann wir schlafen gingen oder wieder aufstanden, ob wir frühstückten oder morgens nur hastig nach der Lunchbox griffen, bevor wir uns gemeinsam auf den Weg zum Unterricht machten, blieb ganz uns überlassen. Die einzige Regel, die Kathleen und Alan wirklich ernst nahmen, war das gemeinsame Dinner an drei Tagen in der Woche, bei dem wir uns über unseren Tag austauschten und besser kennenlernen konnten. Nach dem Dessert stand es uns frei, uns noch einmal mit Freunden am Strand oder in der Stadt zu treffen, und vor allem Sarah und ich genossen die Möglichkeit, die öffentlichen Verkehrsmittel vor unserer Haustür quasi rund um die Uhr benutzen zu können, sehr. Da wir in Deutschland beide in kleinen Dörfern wohnten, mussten wir für jeden Weg, den wir nicht mit dem Fahrrad zurücklegen konnten, unsere Eltern um einen Lift bitten – hier konnten wir uns auf einmal viel spontaner verabreden und ganz selbstständig entscheiden. Für Teenager und Kinder, die in der Stadt aufwuchsen, war das vielleicht das Normalste der Welt, für uns war es ein Stück unbekannte Freiheit.

Gleich an unserem ersten Tag in der Stadt half Kathleen uns dabei, eine Wochenkarte für den Bus zu kaufen, mit dem wir täglich zwischen Brighton und Hove pendeln würden. Unsere Unterrichtsstunden fühlten sich für uns an wie das, was wir uns unter einem Studium vorstellten. In Gruppen erarbeiteten wir gemeinsam unsere Ziele, übersetzten Buchkapitel oder Filmsequenzen, die wir danach gemeinsam diskutierten. Wir interpretierten Songtexte, konnten in einem Crashkurs endlich unsere Grammatikkenntnisse anwenden und überwanden innerhalb weniger Tage unsere Scheu vor unseren oftmals noch holprigen Akzenten. Niemand von uns arbeitete hier auf irgendeine Note hin, sondern jeder von uns freute sich darauf, sich besser ausdrücken und unterhalten zu können. Englisch war hier kein Fach, das wir bestehen wollten, sondern ein Skill, der uns so viele neue Möglichkeiten eröffnete.

»Um eine Sprache zu lernen, musst du sie sprechen«, sagte unser Lektor James, der selbst gerade erst 20 Jahre alt war, zu uns, als er den Unterricht beendete und die Arbeitsmaterialien nacheinander zuschlug. »Und um eine unbekannte Stadt besser zu verstehen, musst du sie entdecken, musst in sie eintauchen, sie kilometerweit ablaufen, dich in ihr und in ihren vielen Ecken verlieren. Du musst sie anfassen, dich mit ihr und ihren Menschen anfreunden, ihre Küche probieren, mit ihren Drinks anstoßen, dich mal mit ihr streiten und wieder versöhnen.«

Ein paar meines Kurses lachten und verabschiedeten sich von ihm mit den Worten: *»Alright, alright, we are already outta here«*, als hätte er seine letzten Sätze nur absichtlich überzogen, um uns aus dem Kursraum und sich selbst in den Feierabend zu entlassen.

Vermutlich stimmte das sogar, doch er rief lachend *»No man, I mean it!«* hinter uns her. Seine Worte blieben an mir hängen. Genau so musste es sich anfühlen, nicht nur in den Urlaub oder einfach wegzufliegen, sondern wirklich zu reisen, wirklich zu erleben.

Als wir gerade das Gelände der Schule verlassen wollen, sehe ich James an eine Laterne gelehnt rauchen. Während wir an ihm vorbeigehen, lasse ich mich zurückfallen und bleibe neben ihm stehen. »Hast du das ernst gemeint eben?«, frage ich ihn.

»Dass ihr Brighton entdecken sollt?«

Ich nicke.

»Klar! Ich meine, ihr seid noch mehr als zwei Wochen hier, ihr habt jeden Nachmittag zur freien Verfügung, und wir stellen euch ja auch ein paar Aktivitäten zur Wahl. Aber da ist noch so viel mehr als Beachvolleyball oder der *Paddle Round The Pier*[1].«

»Was denn zum Beispiel?«, frage ich, ohne zu zögern.

»Was meinst du?«

»Ich … bin noch nie allein gereist. Bisher bin ich immer mit meinen Eltern unterwegs gewesen oder in der Gruppe. Ich hab noch nie eine Stadt selbst entdeckt, und um ehrlich zu sein, weiß ich gar nicht, wo ich anfangen soll. Ich weiß nur, dass ich all das ausprobieren und erleben will, was du da gerade aufgezählt hast.«

Er sieht mich einen Moment lang an, dann grinst er. »Okay, dann los«, sagt er und wirft sich seinen Rucksack über die Schulter. »Wir fangen mit einem Klassiker an. Fish and Chips, *with* vinegar.«

Einen ganzen Nachmittag lang essen wir uns einmal quer über die Promenade. Ich probiere meinen ersten englischen Hotdog, dippe salzige Pommes in scharfen Essig und später Donuts in Schokolade. Wir schlendern an Kunsthändlern und kleinen Ateliers vorbei und bis zum alten West Pier der Stadt. Auf dem Rückweg stöbern wir durch verstaubte Bücherkisten, und ich finde einen Roman von Nick Hornby: *About a Boy*. James nennt ihn »brilliant«, und ich zahle gerade einmal zwei Pfund für mein erstes Buch in englischer Originalsprache. Als wir am Volleyballfeld vorbeikommen, setzen wir uns zu den anderen, strecken uns auf den Liegestühlen aus, und ich schließe für einen kurzen Moment die Augen, während ich meine Eindrücke und das frittierte Essen verdaue. James schlägt vor, noch ein Bier in einem der Pubs zu trinken. Die meisten von uns sind über 16. Dass ich ein Jahr jünger bin, verschweige ich. Ich bestelle meinen ersten Cider, James zeichnet auf einer Karte der Stadt, die er an der Bar gekauft hat, ein paar Orte ein, die ich unbedingt noch besuchen soll. Wir spielen Darts, versuchen immer wieder, die Grundregeln zu verstehen, scheitern, bestellen noch einen Cider und versinken zu sechst in einem großen Ledersofa – während die *Open Mic Night* von einem Singer-Songwriter eröffnet wird, der zehn Jahre später als James Bay seinen Durchbruch feiern wird. Als wir zurück zur Bushaltestelle laufen, ist es längst dunkel, aber noch immer so warm, dass ich mir meine Jacke um die Hüften binde und meine aufgewärmte Haut vom Sommerwind kühlen lasse. In den Straßen stehen Hunderte Menschen vor den Pubs, all die Stimmen, die Musik, die durch geöffnete Türen nach draußen dringt, das Lachen, das Tanzen und Mitsingen fühlen sich so ansteckend lebendig an. Es ist einer der besten Abende meines Lebens – bis heute. Es ist der Beginn meiner Reiselust, meiner Sehnsucht nach dem Entdecken.

In den nächsten Tagen mache ich allein oder manchmal in Begleitung von Sarah und unserer Gruppe dort weiter, wo James und ich aufgehört haben. Ich probiere Cafés, vergesse die Zeit in den *Lanes,* sitze auf einer Bank in der Nähe des *Old Steine* und höre den Straßenmusikern zu. Ich gehe spontan auf ein Konzert, schlendere über Flohmärkte, lese bei schlechtem Wetter stundenlang in Coffeeshops, lerne überhaupt, was Coffeeshops sind. Zusammen gewinnen wir unser erstes Pubquiz, erleben unseren ersten kollektiven Kater nach einem späten BBQ am Strand – und irgendwann auch das erste Mal … Abschiedsschmerz.

Nach drei Wochen in Brighton fiel es mir nicht leicht, wieder im deutschen Dorf- und Kleinstadtleben anzukommen – so weit weg von all den neuen Einflüssen, die viel zu schnell schon zu Erinnerungen wurden. »Du kannst eben nicht immer Urlaub haben«, würden später immer wieder Menschen zu mir sagen, wenn mir der Übergang zwischen dem, was ich gerade erst erlebt hatte, und all dem, was ich schon so lange kannte, wieder einmal schwerfiel. Dabei geht es nicht darum. Ich vermisse nie einfach nur einen Strand oder das Meer, das Nichtstun oder die Ferien, flüchte vor irgendeinem Alltag oder will meinen Verpflichtungen entkommen. Und auch seit meiner Rückkehr nach Deutschland vermisste ich gar nicht so sehr die langen Nachmittage in Brighton oder die vielen Freiheiten. Ich war auch dort gern zum Unterricht gegangen und hatte Spaß an unseren Essays und selbst den Hausaufgaben gehabt. Was mir fehlte – und zu einer niemals wieder endenden Sehnsucht werden würde –, war diese neue, bis noch vor ein paar Wochen unbekannte Inspiration. Und vielleicht auch die Stadt, ihre stetige Geschwindigkeit, ihre Vielzahl an Farben und Formen, Menschen und Emotionen, die Foodtrucks, die Künstler, die Musik, selbst die Supermärkte. Ich vermisste, was Locals in Brighton vermutlich schon längst übersahen, vergaßen oder gar nicht mehr beachteten. So etwas Banales, wie mich durch die verschiedenen Sandwiches bei Marks & Spencer zu probieren oder einen Saft bei Pret a Manger zu bestellen, hatte sich für mich wie eine Szene angefühlt, die ich sonst nur von Bildschirmen kannte. Was für viele andere dort vermutlich einfach nur ein kleines, unscheinbares Restaurant war, an dem sie auf dem Weg zum Bus oder zur Arbeit immer wieder vorbeiliefen, war für mich ein Ort, an dem ich Erinnerungen sammelte. Auf einer Bank im Park in der Sonne zu sitzen und zu lesen oder einfach die Menschen um mich herum zu beobachten, auf einem

Spaziergang in einer besonders schönen Gasse zu landen oder in einer Galerie an einem Bild vorbeizukommen, das ich bisher nur als Druck in einem Lehrbuch gesehen hatte, weckte in mir ein Glücksgefühl, das auch noch heute, wenn auch in immer wieder anderen Situationen, ein Kribbeln in mir auslösen kann.

Es ist die Euphorie, zu entdecken, zu probieren. Und in dem Moment, in dem du fast ein bisschen süchtig danach wirst, wirst du zum Reisenden.

Es gibt für mich kaum etwas, dass sich ehrlicher und lebendiger anfühlt, als zu staunen. Manchmal über Architektur oder über einen Ausblick, über das Blau des Ozeans oder die wilde, ungezähmte Weite, die wir manchmal noch auf dieser Welt finden. Es sind Geschichten, die wir mit Freunden erleben oder die Fremde uns erzählen, es ist ein ungeplanter Halt außerhalb der geplanten Route, ein Zufall, ein gutes Essen. Natürlich wird nicht jeder Moment einer jeden Reise zur Anekdote, nicht jede Begegnung zu einer eigenen Erinnerung, aber das ist auch gar nicht wichtig. Sie alle sind ein Teil des Motors, der uns und unseren Horizont immer wieder ein Stückchen vorantreibt.

Vor ein paar Jahren stolperte ich über ein Zitat des großartigen Anthony Bourdain – ein ehemaliger Koch und Autor, der seine Community immer wieder mit seiner Neugierde für die Welt, ihre Geschmäcker, ihre Kulturen, ihre Menschen und Gewohnheiten inspirierte:

»Eat at a local restaurant tonight. Get the cream sauce. Have a cold pint at 4 o'clock in a mostly empty bar. Go somewhere you've never been. Listen to someone you think may have nothing in common with you. Order the steak rare. Eat an oyster.

Have a negroni. Have two. Be open to a world where you may not understand or agree with the person next to you, but have a drink with them anyways. Eat slowly. Tip your server. Check in on your friends. Check in on yourself. Enjoy the ride.«

Ich las es damals an einem Flughafen in irgendeinem Magazin, während ich auf einen Anschlussflug wartete, und schrieb mir seine Worte schnell auf die letzten Seiten eines meiner Journals. Seitdem blättere ich es immer wieder auf, lese noch einmal seine Worte, die für mich wie eine Quintessenz dessen sind, was Reisen ausmacht, was es mit uns selbst macht.

Wer reist, der erlebt nicht nur so viel Neues, sondern begegnet auch immer wieder so viel Unbekanntem, muss so oft seine To-do- und sämtliche Packlisten zur Seite legen. Wer neue Orte entdeckt, muss mit Menschen sprechen, diskutieren, manchmal streiten, muss gemeinsame Lösungen finden oder neue Pläne machen, Sprachbarrieren überwinden, überzeugen und wieder Vertrauen lernen, muss sich manchmal schnell entscheiden, aufs Bauchgefühl hören. Wer unterwegs ist, wird vielleicht an einem Abend den Sonnenuntergang im warmen Meerwasser an der Küste Liguriens genießen und ein paar Tage später im strömenden Regen zu schwere Koffer durch italienische Bergdörfer tragen, wird im Stau stehen, wird Umleitungen folgen, wird sich mal verlaufen, wird verlassene Strände finde und dort ein Bier im Sonnenuntergang trinken. Wer keine Pläne macht, sondern einfach loszieht, wird vielleicht den letzten Bus verpassen und nur noch mit viel Glück ein Taxi anhalten, wird dafür zu viel bezahlen und dann später noch von ein paar Griechen zum Abendessen eingeladen werden. Reisen ist nicht, dir abends, wenn du müde im Bett liegst, noch einmal vorzustellen, was dabei alles hätte passieren können, sondern dankbar für all das zu sein, was dir schon passiert ist – und was noch kommen könnte. Jede Reise hat ihre eigenen kleinen, geheimen Ziele.

Als mir einmal mein Portemonnaie in Barcelona geklaut wurde, sagte jemand zu mir: »Tja, zu Hause wäre dir das nicht passiert.« Und ich dachte: Ganz genau.

Er machte meine Reise an diesem einen Moment fest – ich an allen anderen. Ich glaube, wer wirklich reist, der kommt schon immer irgendwie an – und ist trotzdem gern unterwegs.

Also ja – reise, entdecke, staune, erlebe, und vor allem: Reise auch irgendwann mal allein!

Lerne dabei, wer du sein könntest, wie viele Facetten du in dir trägst. Sei neugierig, genieß es, eine Zeit lang unerschrocken sein zu können. Es gibt so viele Menschen, die sich nur dann sicher fühlen, wenn jemand neben ihnen steht. Die lieber folgen, als einfach loszuziehen, die sich ausschließlich nach fremden Erfahrungen richten, um davon ihre eigenen Entscheidungen abzuleiten. Ich wollte nie, dass das meine Geschichte ist. Und ich glaube, irgendwann in unserem Leben mal allein zu reisen, für eine Zeit lang mit uns allein und dabei unterwegs zu sein, ist vielleicht eine der schönsten Chancen uns selbst noch besser zu verstehen oder zu begreifen. Manchmal musst du vielleicht Hunderte Kilometer von allem Bekannten entfernt sein, um zu verstehen, dass die längste und wichtigste Reise die 16 Zentimeter sind, die zwischen unserem Gehirn und unserem Herzen liegen.

#4

Kleine Momente, die uns (angeblich?) glücklich machen

Kaffee-Rituale: der erste Schluck eines perfekt gebrühten Kaffees, eingehüllt in eine gemütliche Decke

Journaling: statt morgens gehetzt in den Tag zu starten, sich 30 Minuten nehmen, um die eigenen Gedanken zu sortieren und Dankbarkeit auszudrücken

Twisted Candle DIYs

Kleine Momente, die mich wirklich glücklich machen:

meinen Hund umarmen (mit oder ohne sein Einverständnis)

ein Gewitter am offenen Fenster beobachten

barfuß auf Gras oder Sand laufen

nach einem langen Tag in ein frisch bezogenes

Bett krabbeln und in den Geruch von sauberer Baumwolle sinken

das erste Glas Erdbeerbowle im Frühling trinken

an freien Tagen schon vor dem Frühstück Backgammon spielen

Geld in einer alten Jacke finden (bestes Gefühl!)

mich in einem guten Buch verlieren können

auf der Tanzfläche von einem Song überrascht werden, den ich immer noch fühle und schon viel zu lange nicht mehr gehört habe

einen Döner zu essen, der das perfekte Verhältnis von Fleisch, Sauce und Gemüse hat

Zeuge davon werden, wie fremde Menschen einander mit Mitgefühl und Freundlichkeit begegnen (und sich davon inspirieren lassen)

generell Elefanten

in späten Sommernächten mit heruntergelassenem Fenster nach Hause fahren, weil die Luft noch so warm ist

unerwartet schöne Sonnenuntergänge (wenn der Himmel den ganzen Tag über grau war und plötzlich noch einmal aufreißt)

#5

Ein Moment, der meinen Körper definiert

Es ist immer der Mittwochmorgen, und es ist immer eine Doppelstunde: Sportunterricht in der Grundschule. Für mich ein Grund, mich schon Dienstagabend ein bisschen zu fürchten, vor allem im Winter. Geräteturnen! Seilklettern! Oder noch schlimmer: Zweifelderball! Generell Ballsportarten – alles, was den Bullys meiner Klasse erlaubte, ihren Frust mit dem Ball an anderen auszulassen. Es ist nicht so, als hätte ich generell keinen Spaß an Bewegung. Ich mag Dauerlauf und Leichtathletik, ich mag Gymnastik und unsere Fitnesseinheiten. Aber ich hasse Gruppensport! Vor allem Ballsport, der allein darauf abzielt, uns aneinander abzureagieren, Wettkampfsituationen, in denen wir gegeneinander antreten und die immer gleichen Kinder ihre körperliche Überlegenheit demonstrieren dürfen und das Auslachen oder Hänseln Schwächerer ein Teil der Afterparty ist. Natürlich wissen unsere Lehrer davon, aber bis auf ein paar Ausnahmen halten die meisten den Körper- und nicht zuletzt auch den Geschlechterkampf, der innerhalb des Sportunterrichts existiert und schamlos ausgelebt wird, offenbar für vollkommen normal. *Natürliche Selektion* hat es einer von ihnen mal genannt.

»Nicht alle Kinder sind gleich. Manche Kinder sind sportlich, andere Kinder rechnen schnell, und andere können besonders gut zeichnen. Es ist wichtig, jedem Kind die Chance zu geben, in etwas richtig gut zu sein und sein Können mit der Klasse zu feiern«, entgegnet unsere Direktorin damals der Kritik, dass der Sportunterricht nicht gemeinsames Auspowern oder einfach Spaß an Bewegung fördere, sondern den Wettkampf. Sie vergisst dabei, dass unsere Schule ausschließlich sportliche Leistungen feiert. In zwölf Jahren Schulzeit an drei verschiedenen Schulen wird nicht ein einziges Mal eine besondere mathematische oder musikalische Leistung und erst recht keine literarische gewürdigt. Urkunden und gleichzeitig auch die Anerkennung von den Mitschülern gibt es lediglich für körperliche Überlegenheit. Für die Jungs im Fußball oder Hockey, für die Mädels in der Leichtathletik. Lediglich Volleyball scheint gleichberechtigt und ist in unserer Region eine der beliebtesten Sportarten. Vermutlich auch zu Rekrutierungszwecken taucht sie damit immer wieder auf unserem Stundenplan auf. Für den Großteil unserer Schule ist es ein Teamsport, für mich lediglich die lauernde Gefahr, unvermittelt von einem Aufschlag oder einem Prellball getroffen zu werden.

Ich hänge meinen Rucksack an den Haken, setze mich auf die lange Bank in unserer Umkleide, um meine Schuhe zuzuschnüren, und folge dann meinen Freundinnen in die Turnhalle. Auf Anweisung unseres Lehrers wärmen wir uns selbstständig auf. In der Theorie bedeutet dies, dass wir uns dehnen, unseren Pulsschlag langsam erhöhen und unsere Muskeln aktivieren. In der Praxis reihen wir lieblos ein paar Wechselschritte und Hampelmänner aneinander und quatschen. »Kathy, du weißt, wie es geht, du machst vor!«, ruft Herr Rudolf ihr zu, und sie nickt eifrig. Ihre Schwester spielt für das Schulteam, ist fünf Jahre älter als wir und im letzten Jahr außerdem zum Kapitän ernannt worden. Das macht sie zu einer der beliebtesten Schülerinnen, zu einer Art Vorbild und damit auch Kathy zu einer der Anführerinnen der 4b. Ihre Lieblingsbands, Lieblingsfarben, Lieblingsfächer, ihre Outfits oder Haarfrisuren werden schnell zu einer Art Uniform. Und auch wenn ich zu dem Zeitpunkt schon ein Gespür dafür habe, dass es albern und unsinnig ist, ein anderes Mädchen zu kopieren oder ihm nachzueifern, nur weil es beliebt ist, kann ich mich trotzdem nicht ganz davon lösen. Denn wenn du so jung bist, willst du eine Sache noch mehr, als du selbst zu sein: *dazugehören*. Nicht so sehr wie Kathys Sitznachbarin Sandra, die mittlerweile wie ein Klon ihrer Freundin aussieht, aber doch so sehr, dass du die Pausen oder die Ausflugstage gemeinsam mit den anderen verbringen kannst. Dass du ein Teil der Gruppe bist. Einer der Trends, den Kathy ausgelöst hat, sind kurze, enge Jumpsuits. Statt wie noch zu Beginn des Schuljahres in Radlerhose und weitem T-Shirt zum Sportunterricht zu kommen, tragen fast alle meine Freundinnen jetzt bunt gemusterte One-Pieces – im besten Fall die der Marke Roxy. Die Altmark ist zwar gut 200 Kilometer vom nächsten Meer entfernt, aber aus irgendeinem Grund ist es für uns von äußerster Wichtigkeit, Surfbrands zu tragen. Wochenlang habe ich meine Eltern bekniet, bis meine Mutter tatsächlich einwilligte und ich mir einen orangefarbenen Jumpsuit mit Hibiskusmuster aussuchen durfte.

Heute ist es das erste Mal, dass ich ihn zum Unterricht trage, und ich warte stolz darauf, dass eines der Mädchen mich darauf anspricht. Als unser Lehrer uns in Mannschaften einteilt, flüstert mir Johanna, die neben Kathy zu den besten Spielerinnen unserer Klasse gehört, zu: »Ich liebe deinen One-Piece! Das Orange sieht so cool aus!« Ich strahle sie dankbar an.

Das neue Outfit und Johannas Kompliment geben mir einen Schub Selbstvertrauen. Ich sehe nicht nur aus, als würde ich zum Team gehören, ich fühle mich auf einmal auch so. Ein paarmal überwinde ich sogar meine Scheu und beteilige mich an einem Ballwechsel oder spiele meinen Mitschülerinnen zu. »Du bist richtig gut heute! Endlich traust du dich mal, mitzuspielen. Weiter so, Lina!«, findet Herr Rudolf, und meine Freundin Sarah dreht sich mit breitem Grinsen zu mir um. Sie hebt den Daumen, und ich nicke ihr aufgeregt zu. Wir gewinnen unser erstes Spiel – und zum ersten Mal habe ich auch etwas dazu beigetragen.

Als Kathy beim Seitenwechsel auf mich zukommt, hebe ich meine Hand, glaube, dass sie mich abklatschen will, aber stattdessen flüstert sie mir ins Ohr: »Du siehst übrigens ganz schön dick aus in dem Jumpsuit. Und ich wollte es dir nur sagen: Das ist ein paar anderen auch schon aufgefallen. Vielleicht gehst du lieber in die Umkleide und ziehst dir schnell ein T-Shirt über.«

Fünf Minuten später stehe ich wieder auf dem Spielfeld. Mein Gesicht ist hochrot, aber auf meinen Wangen brennt nicht die Anstrengung, sondern die Scham. Über meinem Jumpsuit trage ich eine Jacke, die ich aus meinem Turnbeutel gezogen habe. Den Reißverschluss ziehe ich bis zum Hals zu. Als Sarah mich fragend anguckt, weiche ich ihrem Blick aus, würde am liebsten einfach verschwinden, unsichtbar werden. Während unübersehbar ist, dass ich für den Rest der Stunde gegen die Tränen ankämpfe.

Es ist das erste Mal, dass mein Körper von einem anderen Mädchen kritisiert wird. Dass mir gesagt wird, dass er nicht schön genug oder etwas ist, das ich lieber verstecken sollte. Es ist hingegen nicht das erste Mal, dass ich mich am Nachmittag kritisch vor dem Spiegel betrachte. Es ist schon mehr als einmal passiert, dass ich mir glänzendes blondes Haar wünschte statt meiner roten Locken. Dass mir meine Sommersprossen nicht immer gefielen oder meine helle Haut. Aber es ist das erste Mal, dass ich mich als zu dick, als nicht schön empfinde, dass ich einen echten Fehler an mir finde. Seit jenem Mittwoch ist kein einziger Tag in meinem Leben vergangen, an dem ich nicht irgendetwas an meinem Äußeren hätte ändern wollen. Und die bittere Wahrheit ist: Ich kenne keine Frau, der es anders geht.

Es ist nicht das erste Mal, dass ich über das Körperbewusstsein von Frauen, über unseren Kampf gegen uns selbst schreibe, ich mich auf Social Media, in Artikeln und in meinen Büchern gegen das Bewerten und Shamen anderer Körper ausspreche. Ich ernte dafür dann so viel Zuspruch, so viele Nachrichten, sehe, wie oft meine Worte geteilt und gelikt werden. Manchmal habe ich dann das Gefühl, dass wir auf dem richtigen Weg sind – bis ich an einem beliebigen Nachmittag im Freibad die Unterhaltung zweier Frauen mithöre, die den Körper, die Brüste und den Po einer dritten negativ bewerten. Bis ich wieder einmal Zeugin davon werde, wie der Partner meiner Bekannten sie in den Bauch kneift, liebevoll Dickie nennt und fragt, ob sie wirklich noch ein Dessert brauche – woraufhin sie schulterzuckend antwortet, dass er recht habe und sie wirklich wieder mehr *auf sich achten* müsse. Bis ich beim Pilates eine meiner Freundinnen treffe, die mir erzählt, dass sie den Kurs gerade spontan gebucht habe, weil sie sich nach einer großen Pizza zum Abendessen dann heute Morgen im Spiegel wie ein *fat pig* gefühlt habe.

Bis ich in einem Sommerkleid auf der Familienfeier mit den Worten begrüßt werde: »Oh, du hast aber auch wieder ein bisschen abgenommen! Steht dir gut!« Oder auf toxische TikToks treffe, in denen andere Frauen mir erklären, dass eine Gewichtszunahme nicht nur mangelnder Respekt vor mir selbst, sondern auch gegenüber meinem Partner sei. (»Wer einen treuen Mann will, muss eben auch etwas dafür tun! Wer zunimmt, muss sich nicht wundern, wenn der Typ sich nach einer Frau umschaut, die auf sich achtet.«)

Auf jede Frau, die sich selbst mag, die ihren Körper als Teil ihres Lebens betrachtet, scheinen immer noch mindestens zwei zu kommen, die alles daransetzen, ihren zu verändern.

Wenn du dabei zusiehst, wie Frauen, die sich auf ihren Social-Media-Kanälen eben noch für wichtige Themen wie Bildungschancen für junge Mädchen oder Natur- und Artenschutz starkgemacht haben, auf einmal öffentlich den Meilenstein feiern, dass sie die vielen Kilos, die sie während der Pandemie angeblich zugenommen haben, »endlich wieder loswerden« konnten.

Wenn junge Mütter ihren Körper während der Schwangerschaft noch als wahres Wunder gefeiert haben und nur Monate später daran verzweifeln, dass sie die letzten fünf Kilos nicht mehr loswerden, sich in ihrer Haut nicht mehr wohlfühlen – dann begreifst du, wie tief es in uns allen verankert ist, dass der Wert unseres Körpers und seine Schönheit immer wieder am Gewicht – und vor allem noch immer am Gewichtsverlust – festgemacht wird.

Es gibt Momente, in denen ich das Gefühl habe, dass ich der Wirkung meines Körpers, dem ewigen Zerren und Zaudern an meinem Äußeren, niemals entfliehen kann. Dass die Größe meiner Brüste oder die Cellulite an meinem Hintern für immer ein Thema bleiben werden – und wenn nicht für mich, dann für andere. Auch wenn ich selbst meinen Körper mag, gibt es Menschen, die ihn nicht mögen und es laut sagen. Auch wenn ich damit beginne, Frieden mit meinen Makeln oder Erfahrungen zu schließen, gibt es jene, die für neue sorgen, indem sie immer wieder neue kreieren oder ausrufen.

Erst vor ein paar Monaten ist ein Bekannter auf einer Party auf meinen Verlobten zugekommen und hat ihn mit einem Kopfnicken in meine Richtung gefragt, seit wann er eigentlich auf *fat girls* stehe. Erst vor ein paar Wochen habe ich mit einer Gruppe Mädels am Strand gesessen und mindestens zehn Minuten damit verbracht, ihnen zuzuhören, wie sie ihre Makel aufzählten.

Und es ist beinahe unmöglich, Instagram zu öffnen, ohne auf einen Post zu treffen, in dem eine Frau die #bodypositivity-Bewegung damit stärken möchte, dass sie ihre vermeintlichen Fehler dokumentiert und öffentlich akzeptiert. Das sind dann meistens Videos oder Postings, in denen normschöne Menschen sich an ihre Oberschenkel greifen, ihren Bauch herausstrecken und sich vermeintlich unschön zeigen, um zu beweisen, dass sie sich dennoch lieben. So gut die Intention dahinter sein mag, so ignorant fühlt sich so ein Content für viele junge Frauen an, die vielleicht die gleichen vermeintlichen Makel nur noch viel stärker an sich entdecken und danach die App mit dem Gefühl schließen: Wenn das alles schon unschön ist – was bin dann ich?

Als ich vor einer Weile auf eine Podcastfolge stieß, in der zwei junge normschöne Frauen sich ausgiebig über die Problemzonen ihrer Körper unterhielten, beinahe schon zwanghaft nach Fehlern an sich suchten, die ich an mir erst dadurch überhaupt entdeckte (ich hatte mir nie zuvor derlei Gedanken über meine Lidfalte oder den Bogen meiner Oberschenkel gemacht), und das ganze *Empowern* nannten, hielt ich es nicht mehr aus. Hörte ich hier wirklich zwei Frauen, die beide *pretty privilege* genießen, dabei zu, wie sie behaupteten, mit ihrem Gespräch über ihre angeblichen Problemzonen anderen Frauen Mut machen zu wollen, sich *ebenso* zu akzeptieren? Ich kommentierte einen Beitrag der beiden, machte sie auf ihre Ignoranz aufmerksam. Und auf die gefährliche Message, die sie sendeten, wenn zwei schlanke, schöne und erfolgreiche Frauen, die ihr Geld nicht zuletzt auch mit dem Modeln, mit ihren Gesichtern und Körpern verdienen, sich eine halbe Stunde lang ihren absurden Unsicherheiten hingaben. Das war nicht authentisch und ehrlich und nachvollziehbar, sondern schlichtweg ignorant und oberflächlich.

Mein Kommentar erntete genauso viele positive wie negative Reaktionen:

»Du hast nicht das Recht, anderen Frauen ihre Probleme mit ihren Körpern abzusprechen.« »Jede Frau sollte sich trauen dürfen, offen über ihre Makel zu reden! Ich finde das mutig!« »Auch dünne Frauen haben Unsicherheiten, das ist nur menschlich!«

Menschlich, mutig – oder traurig? Ich meine, natürlich dürfen und können auch schöne Menschen Unsicherheiten haben, und natürlich ist der Druck, der auf uns und unsere Körper ausgeübt wird, enorm und taucht überall auf. Aber ist es nicht dennoch absurd, wenn eine normschöne Frau der Meinung ist, sie selbst sei die Repräsentantin der Selbstliebe, weil sie sich damit abgefunden hat, dass sie *auch* Cellulite an sich entdeckt und akzeptiert hat? Normschön geboren zu sein, ist nichts, für das wir irgendetwas tun müssten (wie das mit

Privilegien so ist). Es ist ein Kapital, das uns in die Wiege gelegt wird – oder eben nicht. Und sein eigenes Privileg nicht sehen zu wollen, ist immer absurd. Mal ganz abgesehen davon: Streiten wir jetzt wirklich um das Recht, unsere Körper bemängeln zu dürfen?

Ich bin dankbar dafür, in einer Zeit und in einem Teil der Welt aufgewachsen zu sein, wo es mir als Frau erlaubt ist, mich frei auszudrücken, zu tragen, was ich möchte. Dass ich mit meiner Kleidung oder meinem Style ausdrücken kann, was mir wichtig ist, wie ich mich fühle. Dass ich die Möglichkeit habe, mit Mode Spaß zu haben, mit verschiedenen Looks und meiner Weiblichkeit zu experimentieren, mich in Fotos oder Snippets zu inszenieren. Gleichzeitig frage ich mich manchmal, ob wir unsere Freiheit, sein zu können, wer auch immer wir wollen, vielleicht längst eingetauscht haben – gegen die Jagd nach der unerreichbaren Norm.

Wir leben in einer Realität, in der die wenigsten von uns real sein wollen. In der wir uns nicht mehr durch die so unterschiedlichen Schönheiten anderer Frauen inspirieren lassen, sondern durch ihre Filter.

Farben, Formen, Größen ändern sich mit der Zeit. Das, was wir schön finden, wandelt sich. Das Einzige, was gleich bleibt, ist das Gefühl, dass der menschliche Körper und seine natürlichen Züge nie gut genug sein werden.

Manchmal frage ich mich, was wäre, wenn wir keine Körper, sondern nur unser Innerstes sehen könnten. Was würden wir als schön empfinden? Was würden wir bewundern? Und was wirklich an uns verändern wollen? Was würde wichtig werden? Was würde uns erfolgreich machen? In wen würden wir uns verlieben? Wer wäre »unser Typ«? Wer würde uns inspirieren? Und: Wer würden wir sein wollen?

Ich glaube nicht, dass wir als Gesellschaft jemals einen Status erreichen können, an dem wir wirklich die Kritik an unseren Körpern, die Bewertung und das Konstrukt Schönsein hinter uns lassen können. Ich glaube nicht, dass wir jemals alle im gleichen Moment verstehen werden, dass unsere Körper sich nicht danach sehnen, gegeneinander zu kämpfen oder sich zu vergleichen. Alles, wonach sie sich seit unserer Geburt sehnen, ist, sich verbunden zu fühlen.

Mein Körper war in meinen Augen schon immer »ein Projekt«, nie fertig, nie richtig. Mit 14 sehnte ich mich danach, einfach nur anders auszusehen, mit 16 machte ich eine radikale Diät, nur um mich mit 18 danach zu sehnen, kurviger, vermeintlich weiblicher zu wirken. Mit 20 wünschte ich mir einen definierten Körper, einen festeren Po, mit 24 liebte ich meine Brüste, aber hasste schon seit mehr als einem Jahrzehnt meinen Bauch. Mit 28 begann ich, Falten an mir zu entdecken, konzentrierte mich auf definierte Oberarme, wünschte mir vollere Lippen. Mit 30 wünschte ich mir den Körper zurück, der mir mit 24 nicht gut genug erschien.

Ich lebte mit meinem Körper immer entweder in der Zukunft oder Vergangenheit, sehnte mich danach, etwas an ihm zu verändern, oder vermisste, was sich verändert hatte. Und irgendwann wurde mir bewusst: Wenn ich so weitermache, verpasse ich meinen Körper vielleicht mein Leben lang. Dann treffe ich ihn nie im Hier und Jetzt, komme nie in ihm an, laufe für immer hinter ihm her. Mein Körper steht nicht still. Er verändert sich, genauso wie meine Emotionen. Er wächst und bewegt sich, wird beeinflusst oder inspiriert, fühlt sich manchmal vertraut und manchmal fremd an. Er ist kein Projekt, kein Ziel, sondern genau wie mein Innerstes – ein Teil meiner Reise. Ich habe mir selbst versprochen, von nun an noch viel öfter anzuhalten, zu genießen, wer ich bin, liebevoll zu mir zu sein, innezuhalten, mich selbst anzuschauen, mich umzuschauen und dabei zu fühlen: Es ist wunderschön, ich bin wunderschön, genau jetzt.

Denn das ist ein so unglaublich befreiendes Gefühl.

#6

Ein Moment, in dem ein neues Kapitel beginnt

»Das Leben ist so kurz, also genießt es! Und macht das Beste draus.«

Das sind die Worte, die uns eine Lehrerin während unserer Abifeier mit auf den Weg gibt. Wir stehen auf einer Bühne vor unseren Eltern und Familien, die applaudieren, während uns der Reihe nach die Zeugnisse überreicht werden. Für das große Gruppenfoto versammeln wir uns vor der Aula.

»Schon komisch, oder?«, flüstert mir Johanna zu. »Dass das das letzte Mal ist, dass wir hier stehen? Dass wir nicht in sechs Wochen wiederkommen, unseren Stundenplan abholen, unsere neuen Kursräume finden und noch eine weitere Runde drehen. Jetzt, wo es vorbei ist, wünschte ich mir fast, ich hätte es mehr genossen.«

»Kickt die Nostalgie bei dir wirklich jetzt schon rein?«, frage ich, und wir müssen beide ein Lachen unterdrücken.

Natürlich weiß ich, was sie meint. Auch für mich haben sich die ganzen letzten Male der letzten Wochen irgendwie komisch angefühlt. Das letzte Mal zur Literaturkonsultation gehen, das letzte Mal gemeinsam im Kurs ein Arbeitsblatt auswerten, ein letztes Mal nach der Schule noch einen Croque gegenüber essen, ein letztes Mal am Freitag in der Freistunde auf dem

Rasen liegen und Zukunftspläne schmieden. Das, was in den letzten Monaten nur in unseren Köpfen und Vorstellungen existiert hat, hat jetzt endlich die Chance, wahr zu werden. Und ich kann es kaum erwarten.

Die Kleinstadt hinter mir zu lassen, für mein Studium nach Berlin zu ziehen, das bedeutet für mich auch, eine Blase zu zerstechen, die sich schon länger viel zu klein anfühlt. In Berlin, so glaube ich, kann ich endlich tragen und ausdrücken, was ich will, ohne dafür sofort bewertet oder sogar verurteilt zu werden. Ich kann endlich das lernen, was mich interessiert. Ich habe endlich Platz für meine Meinung, genauso wie für meine Träume. Ich habe eine eigene Wohnung, ich treffe eigene Entscheidungen, ich bin umgeben von lauter bunten Menschen mit offenen Horizonten. Ich bin endlich ein kleiner Fisch in einem riesigen Teich, den ich entdecken darf.

Mein neues Kapitel beginnt mit meinem Studium, ich habe mich an der Humboldt-Universität für Jura beworben – und bin angenommen worden. Es fühlt sich an wie die finale, perfekte Belohnung für zwölf Jahre in der Kleinstadt. Ich habe den Studienplatz, den ich immer wollte, ich bin mir sicher, dass ich die wichtigste Entscheidung meines Lebens – was und wo ich studieren will – zu 100 % richtig getroffen habe. Seitdem der Brief mit der Zusage in unserem Briefkasten lag, fühlt es sich an, als hielte ich endlich die letzten Puzzleteile in der Hand, um dieses Level zu beenden und das nächste freizuschalten. In einem Monat werde ich mein Leben endlich beginnen, und ich freue mich so wahnsinnig auf das Unbekannte, das ich mir längst ausgemalt habe. Ich kann es nicht erwarten.

Die Wahrheit ist: Ich hatte keine Ahnung, was mich erwartet. In den letzten zwei Schuljahren, vielleicht sogar schon davor, war mir immer wieder eingebläut worden, dass meine Zukunft von einer einzigen Entscheidung abhinge. Dass der wichtigste Tag meines Lebens der sei, an dem ich wisse, was ich werden wolle – und den nötigen Abschluss mit der passenden Note dafür erreiche.

Was wir werden wollen, wo wir studieren, was wir später mit unserem Studium anfangen, wo wir wie einsteigen, welches Netzwerk wir aufbauen, um uns einen Platz zu sichern, unsere Zukunft abzusichern: All diese Fragen wurden in den Monaten vor unserem Schulabschluss zum vermeintlich wichtigsten, zum einzigen Thema. In den Pausen, beim Abendessen mit den Eltern, auf Familienfeiern, sogar unter Freunden. Irgendwann fühlte es sich für mich an wie eine riesige, unüberwindbare Wand, an der jeder von uns blind nach einer Tür tastete. Wer seine fand, öffnete sie und trat in sein Leben als Erwachsener. Eine Tür, eine Chance – niemand dachte auch nur daran, umzukehren.

Ich hatte damals geglaubt, dass ich genau neun Semester bis zu meinem ersten Staatsexamen studieren, danach zwei Jahre ins Referendariat gehen und mit gerade einmal 27 Jahren zu einer erfolgreichen Anwältin werden würde. An dem Tag, an dem ich zum ersten Mal den Saal der Uni betrat, meine Unterlagen abholte und schließlich meine Immatrikulation unterschrieb, war ich mir sicher, dass dieser Plan aufgehen, sich geradlinig verwirklichen würde. Alles, was ich tun musste, war, meine Prüfungen zu bestehen, im oberen Drittel mitzuhalten. Ich war es gewohnt, dass sich für diejenigen, die gute Noten schrieben, die Türen einfacher und ohne Umweg öffneten. Wer die Anforderungen erfüllte, der wurde belohnt, der fand schon seinen Platz. Genau das hatte mich das Schulsystem zwölf Jahre lang gelehrt.

Es dauerte 16 Monate, bis ich endlich zugab, dass ich mich an dieser Uni, in dieser Stadt, in diesem Studiengang irgendwie falsch fühlte. Dass der Studienplatz, der sich perfekt mit meinen Leistungskursen und meiner Abschlussnote synchronisierte, vielleicht doch nicht der war, der zu mir passte. Seit dem Beginn meines Studiums hatte ich mich verunsicherter gefühlt als je zuvor.

Die Wahrheit war, ich hatte die Frage, was ich werden wolle, offenbar nicht nur falsch beantwortet, sondern auch vollkommen vergessen, mich ein einziges Mal zu fragen, *wer* ich werden wollte. Vielleicht auch deshalb, weil mir die Frage noch nie von irgendjemandem gestellt worden war. Wann immer es um die Frage ging, was nach dem Abi kommen würde, zielte sie lediglich auf die Wahl unseres Studiums ab – unsere Persönlichkeit und unsere Identität standen dabei im Hintergrund. Unsere Zukunft wurde im Endeffekt einzig an der Wahl unseres Berufs festgemacht.

Ich hatte erwartet, nach dem Abi in eine neue Welt einzutauchen, in der so viele negative Erlebnisse, politische Ungerechtigkeit oder Sexismus keinen Platz mehr haben würden. Dass wir aus unseren Konflikten herauswachsen, dazulernen oder uns entwickeln können würden. Stattdessen musste ich irgendwann erkennen, dass Rassismus, rechter Populismus, Misogynie oder soziale Ungerechtigkeit für immer Teil meines Lebens bleiben würden. Als ich gerade 17 war, kämpften wir gegen die rechten Schreie, die mit der Einwanderung afghanischer Geflüchteter unerträglich laut wurden. Heute kämpfen wir gegen die AfD, für eine Chance der syrischen und ukrainischen Geflüchteten. Wir wehren uns gegen dieselben unausstehlichen braunen Parolen – schon wieder. Wir behaupten uns gegen Klimaleugner und Impfgegner, wir wehren uns gegen Trump-Wähler und müssen uns gegen die nächste Welle des patriarchalen Sexismus auflehnen, müssen laut werden.

Mit 17 hatte ich gehofft, dass lediglich unreife, pubertäre Jungs und ihre alternden, verbitterten Väter eine Frau noch besitzen oder bewerten würden. Nur um zu lernen, dass internalisierter Sexismus und Frauenfeindlichkeit immer wieder zurück in unsere Gesellschaft finden, dass weder das Slutshaming noch die Diet Culture auszusterben scheinen, dass es auch in 2023 noch Unternehmen gibt, die ausschließlich von Männern geführt werden, und vor allem: dass man Männern nicht nur beruflich, sondern generell beinahe grenzenloses Vertrauen schenkt und Frauen in derselben Situation lediglich eine Chance gibt, sich zu beweisen.

Ich lernte erst mit der Zeit, dass die Welt, in der wir begannen, unser erwachsenes Leben aufzubauen, sich nicht selbst rettete, dass wir ein Teil von ihr waren und unser Beitrag wichtig war, dass all unsere Fehler wirkliches Gewicht hatten. Und irgendwann begann ich zu begreifen, dass die Fragen, zu welchem Menschen wir werden wollen, in welcher Welt wir leben wollen, vielleicht die viel wichtigeren sind, wenn wir wirklich unseren Platz in ihr finden wollen.

Zwölf Jahre würde ich dafür brauchen.

Ich brach mein Studium ab, ich wechselte meinen Beruf mehrfach, ich nahm einige Umwege in Kauf. Ich zweifelte, ich scheiterte, und ich rappelte mich wieder auf. Ich stand noch ein paarmal vor dieser hohen Wand in diesem leeren Raum und suchte nach einer neuen Tür. Aber ich begriff auch, dass es okay ist, noch einmal und noch einmal umzukehren. Dass es viele Türen gibt, die sich für uns öffnen können, wenn wir nur den Mut haben unsere Meinung oder uns selbst zu ändern.

Wer wir sein wollen, wie wir glücklich werden, was ein erfülltes Leben ausmacht - diese Fragen beantworten sich nicht einfach dadurch, dass wir mit 18 Jahren schon wissen, was wir studieren oder welchen Beruf wir erlernen wollen. Ich erinnere mich noch daran, was unser Schulleiter uns mit seiner Abschiedsrede mit auf den Weg gab:

»Liebe Absolventen,

Sie stehen an der Schwelle zu einem neuen Lebensabschnitt, und ich möchte Ihnen eine einfache, aber wichtige Botschaft mit auf den Weg geben: Der Erfolg ist von diesem Moment an in Ihrer Reichweite. Heute lassen Sie das Gymnasium mit einem bestandenen Abitur hinter sich und machen sich auf den Weg zum Studium und in eine Welt voller Möglichkeiten. Jeder von Ihnen hat das Potenzial für eine glänzende Zukunft. Der vor Ihnen liegende Weg mag entmutigend erscheinen, aber denken Sie daran, dass es die Herausforderungen sind, die uns stärker machen. Nehmen Sie Ihr Studium ernst, arbeiten Sie hart und erschaffen Sie das Fundament, auf dem Sie Ihre Träume aufbauen werden.«

Rückblickend bedeuten diese Worte so wenig, wirken wie eine reine Formalie, zielen lediglich auf beruflichen Erfolg ab, von dem wir längst wissen, dass er von uns erwartet wird. Was wir gebraucht hätten, was wir alle immer wieder brauchen, ist Inspiration. Worte, die sich festsetzen, unter unsere Haut gehen und uns das Gefühl geben, dass wir in diesem Moment und in noch so vielen folgenden die Chance haben, zu werden, wer wir wirklich sein wollen. Als ich Jahre später während einer meiner Lesungen vor einer Gruppe Abiturienten sprechen durfte, ergriff ich darum die Chance, ihnen vielleicht die Rede zu geben, die ich mir selbst gewünscht hätte:

»[…] euer Abitur, euer Schulabschluss ist ein Ticket, das euch eine Vielzahl von Reisen ermöglicht. Für manche von euch wird sie auf direktem Weg in das Studium führen, auf das ihr hingearbeitet habt, für andere führt sie vielleicht erst einmal um die Welt, für andere steht das Ziel noch gar nicht fest. Für fast alle beginnt sie mit dem Unbekannten, das es zu entdecken gilt. Und ja, der Gedanke kann ein bisschen beängstigend sein. Ein Teil von euch wünscht sich vielleicht sogar, dass alles noch einen Moment länger genau so bleiben könnte, wie es ist. Ein Teil von euch kann es vielleicht kaum erwarten, dieses neue Kapitel zu beginnen, während ein anderer noch nicht sicher ist, ob er bereit für all diese Veränderungen ist, bereit für die Welt da draußen.

Aber ihr habt längst bewiesen, dass ihr fähig seid, euch neuen Herausforderungen zu stellen. Ihr habt Hindernisse überwunden, Rückschläge erlebt, habt aus ihnen gelernt, ihr habt Chancen ergriffen, ihr seid gewachsen und gerade dabei, eure eigene Persönlichkeit außerhalb des Schulalltags zu entdecken. Es gibt Menschen, die klammern sich ihr Leben lang an all das, was ihnen vertraut ist. Ich wünsche euch, dass ihr das Gegenteil zulasst, dass ihr das Unbekannte umarmt und zu einem Teil eures Lebens macht.

Ich wünsche euch, dass ihr den Mut und die Neugier habt, ein paar Wege auszuprobieren, bevor ihr euren findet, dass ihr den Erfolg nicht nur in eurem Job, im Finanziellen, dass ihr das Glück nicht nur in den großen Überschriften des Lebens sucht. Ich wünsche euch, dass ihr aufbrecht und nach eurem Platz und eurem Sinn auf dieser Welt sucht, dass ihr sie positiv verändert, ihr zuhört und eure Stimme findet. Mögen eure Träume groß genug sein, dass sie euch manchmal sogar Angst machen, und möget ihr sie gerade deshalb trotzdem verwirklichen. Euer Potenzial ist grenzenlos. Ihr seid weder durch euer Geschlecht noch durch das, was andere sagen, euch vorleben, was eure Eltern sich wünschen, oder durch irgendjemandes Vorstellung davon, wer ihr sein solltet, begrenzt.

Euer Leben … ist eure ganz eigene Kunst. Also zieht los und gestaltet es mit Hingabe, mit Ausdauer, mit Euphorie, mit Vertrauen, mit Mitgefühl und Verantwortung. Füllt es aus, lebt es aus, malt über den Rand, so oft ihr wollt, und fangt von vorn an, wann immer ihr euch neu erfinden wollt. Das Leben ist im besten Fall wirklich lang. Es kann so viele verschiedene Formen oder Facetten annehmen. Also wäre es doch ziemlich langweilig, wenn wir für die nächsten 60 Jahre einfach nur dieselbe Version von uns bleiben würden, oder?«

#7

Ein Moment, in dem ich mich trenne

Seitdem ich 14 Jahre alt war, hatte ich, wann immer ich mich allein oder verloren fühlte, diese Illusion gehabt, dass alles, was jetzt gerade in meinem Leben noch kantig, holprig und unüberwindbar erschien, in dem Moment urplötzlich Sinn machen würde, in dem ich einen Freund hätte. Ich verbrachte unzählige Nachmittage damit, auf meinem Bett zu liegen, in ein Tagebuch zu schreiben, meine Gedanken und Gefühle zu sortieren. Ich wünschte mir, dass ich aus der Idylle des kleinen Dorfs ausbrechen und in einer großen Stadt leben könnte. Ich glaubte daran, dass mein Leben in dem Moment erst richtig anfangen würde, in dem ich zu jemandem gehörte. In dem ich endlich (zu jemandem) passte.

Mit 16 verliebte ich mich in James, natürlich – und obwohl ich in den nächsten Jahren noch mehrere Male nach Brighton zurückkehren und ihn mehr als nur einmal wiedersehen würde, obwohl wir beide einen Funken spürten, blieb ein Happy End aus. James machte seinen Abschluss an einer Uni in Sussex, ich machte mein Abitur in einer deutschen Kleinstadt. Nicht nur geografisch trennten uns Monde und Welten.

Ein paar Monate später verliebte ich mich in Luke Heitmann, aber er sich nie so ganz in mich. Und schließlich traf ich auf seinen Kumpel Paul. Wir kamen zusammen, einfach so. Und weil ich das Gefühl hatte, dass es Zeit wurde. Zeit für einen Freund, Zeit dafür, mein eigenes Leben zu beginnen. Oder das, was ich mir darunter vorstellte.

Ich wusste damals noch nicht, was eine gute Beziehung ausmacht. Wie auch? Ich wusste nur, dass Paul mit mir zusammen sein wollte und es sich gut anfühlte, *endlich auch einen Freund* zu haben.

Aus irgendeinem Grund war mir das damals so viel wichtiger, als mich wirklich zu verlieben. Die ganzen ersten Male – die erste Party, auf die wir als Paar kamen, das erste gemeinsame Wochenende ohne unsere Eltern, die ersten Ferien ohne Familienurlaube, stattdessen mit unseren gemeinsamen Freunden, das erste gemeinsame Weihnachtsfest, gemeinsam Zukunftspläne schmieden, uns auf eine Stadt einigen, in die wir gemeinsam nach dem Abi ziehen würden – waren für mich wie eine Liste von Momenten, die ich dringend aufholen wollte. Eine Liste, die meine Freundinnen schon längst vervollständigt hatten. Zusammen mit Paul gehörte ich einer größeren Gruppe und diesem neuen Gefühl an, langsam erwachsen zu werden. Das war genug, das war so viel mehr für mich, als mich einmal mehr unglücklich zu verlieben. Ich mochte Paul nicht auf die gleiche Art und Weise, auf die ich James oder Luke gemocht hatte. Ich hinterfragte manchmal, ob ich mich eigentlich je wirklich in ihn verliebt hatte. Aber entscheidend war, dass wir zusammen waren. Oder?

Zwei Jahre später finden wir eine Wohnung in Berlin, ziehen zusammen. Er beginnt, Chemie und Wirtschaft zu studieren, ich Jura. Er hasst sein Studium, und auch ich weiß immer weniger, ob meines das Richtige für mich ist. Er spricht immer häufiger davon, dass er nur für mich in diese Stadt gekommen ist, dass ihn hier in Berlin nichts hält, außer mir. Und ich fühle immer häufiger, dass ich nicht der einzige Grund dafür sein kann oder will, dass er glücklich ist. Immer öfter bleibe ich länger weg, ziehe mich in die Bibliothek meiner Uni zurück, will überall sein, nur nicht zu zweit. Ich beginne, zu zweifeln: an unserer Beziehung, daran, was sie ausmacht und ob sie uns guttut. In manchen Nächten sitze ich wach auf unserem Sofa, fühle mich eingesperrt, weiß längst, was zu tun ist, aber kann mich nicht überwinden. Auf einmal wünschte ich, wir wären nicht längst ausgezogen, nicht längst so erwachsen, wie ich es in diesem Moment glaube, zu sein. Ich wünschte, wir wären wieder 17, und ich könnte mich einfach so lösen, ohne dass es zu viel zu bedeuten hätte. Ohne dass jemand ausziehen müsste. Aus dem Gefühl, zu jemandem zu gehören, ist das Gefühl geworden, buchstäblich an jemanden getackert zu sein. Und vor lauter Angst, dem anderen Schmerz zuzufügen, friere ich ein, bewege mich nicht mehr, obwohl zu rennen alles ist, was ich will.

Wie soll ich meinen Eltern, die erst vor ein paar Monaten unsere Kaution gezahlt und unseren Umzug ermöglicht haben, beibringen, dass es nicht mehr passt? Dass wir nicht mehr funktionieren? Ich will ihnen keine Sorgen bereiten, ich will keine Vorwürfe aushalten, die ich mir ohnehin schon selbst mache. Wie soll ich unseren Freunden erklären, dass es uns von jetzt an nicht mehr geben wird, dass wir uns trennen und damit vermutlich auch an unserer Gruppe reißen werden? Wie soll ich Paul erklären, dass er umsonst in dieser Stadt dieses Studium angefangen hat, nur um bei mir zu sein, während ich vor lauter Schuld und Enge nicht einmal mehr neben ihm liegen kann? Über Monate schleppe ich das Gefühl auf meinen Schultern herum, dass ich in dieser neuen Stadt, in dieser neuen Situation nicht nur für mich selbst verantwortlich bin, sondern genauso dafür, dass ich meine Eltern stolz mache, dass ich beweise, dass ihre Mühe nicht umsonst gewesen ist. Außerdem will ich Paul nicht einfach so den Boden unter den Füßen wegziehen, nicht seine ersten Semesterprüfungen ruinieren und damit seine Zukunft in einem Studiengang gefährden, in dem er es eh schon schwer hat. Seine Eltern waren gegen den Umzug nach Berlin, am Ende hat sich seine Familie über die Entscheidung so zerstritten, dass seine Eltern ihm jegliche Unterstützung untersagt haben. Er sagt damals, er würde sich immer wieder für mich entscheiden, und ich habe nicht den Mut, ihm zu sagen, dass ich wünschte, er hätte sich aus eigenem Wunsch dazu entschieden, in Berlin zu studieren – und nicht nur meinetwegen. Ich fühle mich verantwortlich, ich fühle mich überfordert. Es fühlt sich so an, als gäbe es keinen fairen Ausweg aus dieser Beziehung, die ich »doch unbedingt wollte«. Die größte Angst habe ich nicht davor, mich zu trennen – sondern vor den Reaktionen darauf.

Wir haben gerade einen Freund von uns zur S-Bahn gebracht, der uns für ein paar Tage besucht hat. Paul hat es genossen, mit ihm um die Häuser zu ziehen, ich den Puffer, den Abstand, die Zeit allein in der Wohnung. Sobald Paul und Felix die Haustür hinter sich hatten zufallen lassen, spürte ich eine Erleichterung, sorgte mich nicht, wenn ich im Morgengrauen noch immer allein im Bett lag, sondern war dankbar für jede Minute, die sie noch länger durch die Bars und Clubs zogen. Je müder er nach Hause käme, desto fester und länger würde er schlafen und hoffentlich nicht einmal bemerken, dass ich mich morgens aus dem Haus schlich, um die meiste Zeit des Sonntags in der

Bibliothek zu verbringen. Überall sein – nur nicht in seiner Nähe.

Natürlich fühlte ich mich schuldig, ja sogar schäbig. Aber ich konnte nicht anders.

Wir entscheiden uns, noch gemeinsam Abendessen einzukaufen, und biegen auf dem Rückweg noch in den Supermarkt ab. Paul greift nach zwei Tiefkühlpizzen. Er bringt ständig Tiefkühlpizzen mit nach Hause. Immer Salami, immer das Vorteilspack.

»Oder willst du kochen?«, fragt er mich. »Dann holen wir einfach Spaghetti.« Das ist das andere Gericht, das es in unserem Haushalt immer wieder gibt. Mindestens einmal in der Woche koche ich es für uns. Paul mag die Routine, an der ich zu ersticken drohe. Anstatt zu antworten, zucke ich mit den Schultern. »Oder auf was hast du Lust?«

»Nicht auf die immer gleichen Nudeln, nicht auf die immer gleiche Pizza!«, sage ich und wünschte, ich wäre still geblieben, als ich einen Moment später seinen Gesichtsausdruck sehe. Paul sieht aus, als hätte ich ihm einen Schlag verpasst, als hätte ich ihm absichtlich wehgetan. Wann immer ich zulasse, ihm einen Moment lang zu zeigen, dass ich unglücklich bin, zuckt er zusammen, verzieht verletzt das Gesicht oder entschuldigt sich dafür, dass er nicht gut genug ist. Und ich hasse mich dafür, dass ich ihn so fühlen lasse.

Wir kaufen die Pizzen. Als er vor unserer Haustür mit einem breiten Grinsen ein heimlich gekauftes Überraschungsei aus der Tasche fischt, um es mir zu schenken, kann ich vor lauter Scham und Schuld, die auf meine Lunge, auf mein Herz, auf jede Faser drücken, nicht mehr atmen. Ich lege mir die Hand auf die Brust, versuche irgendetwas zu sagen. *Das hättest du dir früher überlegen sollen!* Da ist es wieder: mein schlechtes Gewissen, das diesen Moment noch so viel schlimmer und mein Innerstes nur noch hässlicher macht. *Warum hast du ihm nicht gesagt, dass er nicht mit nach Berlin kommen soll, hmm? Warum hast du überhaupt zugelassen, dass er dieses Studium anfängt? Jetzt ist es zu spät.*

Paul versucht, meine Hand zu greifen, aber ich weiche ihm aus. Es ist sind solche Gesten, die ich nicht mehr ertrage. Und es ist meine Ablehnung, die dazu führt, dass alles aus Paul herausbricht: »Was ist eigentlich los mit dir? Seit Monaten weichst du mir aus, wirkst unglücklich, schläfst nächtelang nicht neben mir. Meinst du, ich kriege das nicht mit? Meinst du, ich bin blöd? Ich merke doch, dass du das hier alles nicht mehr willst. Ich hab nur die ganze Zeit gedacht, das renkt sich schon wieder ein, irgendwann gibst du …«

»Irgendwann gebe ich was?«

»Dich endlich zufrieden!«, ruft er. »Ich hab gedacht, irgendwann wirst du schon wieder normal! Begreifst, wie viel wir eigentlich haben und dass es nicht ständig mehr sein muss.«

»Ich will doch gar nicht *mehr*!«, rufe ich. »Ich will einfach nur nicht *das* hier.«

»Das meinst du nicht!«

Und bevor ich mich selbst zurückhalten kann, sage ich: »Doch! Doch, genau das meine ich. Wir … sind nicht das, was ich will. Ich weiß nicht, was ich will, aber das weiß ich.«

Am Ende ist unsere Trennung so viel weniger beängstigend, so viel weniger aufreibend, als ich sie mir ausgemalt habe. Meine Eltern sind überrascht, aber nicht geschockt darüber, dass die erste Beziehung ihrer Tochter nicht gehalten hat. Paul leidet am Anfang, strauchelt, die Trennung trifft ihn so viel härter als mich. Aber mit der Zeit kommt er zurecht. Und als er schließlich ein halbes Jahr später eine neue Freundin hat und dennoch sein Studium abbricht und in die Heimat zurückkehrt, kann ich meine Schuldgefühle loslassen. Oder zumindest damit beginnen.

Es war nicht das erste Mal, dass eine Beziehung endete, auch wenn es das erste Mal für uns war. So unterschiedlich Menschen sind, so sehr können sie sich am Ende doch gleichen, wenn es um das Ende einer Beziehung geht. Die unangenehmen ersten Wochen, in denen man sich noch ein Badezimmer und eine Küche und holprige Höflichkeiten teilt, später dann der Auszug. Was zurückbleibt, sind ein paar Übergabeprotokolle, manchmal Vorwürfe, manchmal noch ein letztes Gespräch. Es ist fast verrückt, wie schnell wir uns fremd werden, sobald wir kein *Wir* mehr sind. Für die meisten von uns ist die erste große Trennung der Moment, in dem wir lernen, dass ein kaputtes Herz irgendwann wieder heilt. Dass wir ohne diesen einen anderen Menschen sein können, auch wenn wir es überhaupt nicht wollen. Manche von uns lernen, dass unser eigener Wert nicht von einem anderen Menschen bestimmt wird. Dass die Liebe unseres Lebens niemals einfach die Person ist, in die wir all unsere Zeit und Energie investieren, die wir zum Mittelpunkt unseres Lebens machen. Für mich ist da noch etwas anderes.

Mit 14 Jahren glaubte ich, dass mein Leben sich erst dann in all seine Richtungen entfalten könnte, wenn ein anderer Mensch mich an die Hand nehmen und mit sich ziehen würde. Und ich glaube, viele Frauen harren auch heute noch in dieser Warteschleife aus. In diesem Gefühl, dass der Singlestatus eine Zwischenzeit ist, die wir am besten genießen, die wir auskosten und in der wir auftanken oder loslassen, bevor unser Leben sich mit dem nächsten Mann wieder weiterentwickeln wird. Warum haben wir überhaupt je angefangen, das zu glauben?

Der Moment, in dem wir entscheiden, dass wir lieber keine Beziehung als einfach nur irgendeine wollen, ist vielleicht einer der wichtigsten auf unserem Weg zu uns selbst. Und nicht selten müssen wir ihn mehr als einmal durchleben, um ihn wirklich zu verinnerlichen. Und um nie wieder zu vergessen, dass wir uns selten wirklich allein mit uns selbst fühlen, aber dafür umso einsamer und leerer in einer lähmenden Beziehung.

#8

Ein Moment der Euphorie

In den letzten zehn Jahren habe ich den größten Teil meines Einkommens in Zug- und Flugtickets, in Reisen, Erlebnisse und Konzerte investiert. Es verging kaum ein Sommer, in dem ich nicht über den staubigen Boden von Scheeßel getanzt bin, kaum ein Wochenende, an dem ich nicht meinen Rucksack geschultert, meine Vans genauso oft wie meine Gummistiefel gepackt und durch halb Deutschland gefahren bin. Ich war unterwegs, um meine Lieblingsbands zu sehen, neue zu entdecken, vor Bühnen, auf Grünflächen, in Zelten oder unter freiem Himmel zu klatschen, zu springen und für ein oder zwei Tage alles andere hinter mir zu lassen.

Ich lasse mir das Bändchen überstreifen, meine Tasche kontrollieren und dann ein Bier in die Hand geben. Es zieht uns am Riesenrad vorbei, weiter aufs Gelände, in die Musik, in die Menge. In das Gefühl, dass ein Wochenende lang so viele gute Gefühle so greifbar und nah sind. Für genau drei Tage existieren nur der Staub und der Bass und dann auch der Regen – und immer, immer die Musik.

Ich werde niemals satt, stundenlang vor Bühnen zu stehen, mitzuspringen und mitzusingen. Ich glaube, ich kann mich niemals an den Rausch gewöhnen, der einsetzt, wenn ich neben, hinter und vor mir nur Stimmen höre, die den gleichen Text singen, wenn ich ein kleiner Teil von Zehntausenden Händen bin, die sich in den Himmel recken. Es ist niemals schöner, unterzugehen, als in den Stimmen, den Emotionen, dem Herzklopfen und dem Adrenalin. Ich werde nie müde, einfach im Gras zu sitzen, mich auszustrecken, aufzutanken und einfach nur ein bisschen zuzuhören - Pommes und Bier mit Freunden zu teilen, neue wie längst bekannte Leute zu treffen, zusammen zu feiern, sich zu verlieren und wiederzufinden. Songs zu hören, die mich an mein halbes Leben erinnern, und andere zu entdecken, die ich von jetzt an für immer mitnehmen werde. Nach dem letzten Konzert fast ein bisschen verkatert von all den Stimmen und all den Gefühlen aus der Menge zu stolpern, Käsespätzle auf dem Heimweg zu essen, die schmerzenden Füße zu ignorieren, im weißen Zelt noch einen letzten Song zu tanzen. Irgendwann erschöpft im Schlafsack oder Bett anzukommen, immer noch Musik im Ohr und so viel Glück im Bauch.

In den letzten zwölf Jahren habe ich gut 10.000 € in Festivals investiert. Und wenn ich das so hochrechne, wird mir fast ein bisschen schlecht. Wenn ich die Summe vor mir sehe, die ich auch genauso gut hätte zur Seite oder anlegen und vermehren können, komme ich mir fast ein bisschen verantwortungslos vor. »So viel Geld für ein bisschen Musik, für Schlamm und Schmutz und johlende Menschenmengen?«, fragt eine der kritischsten Stimmen in meinem Kopf und fügt dann hinzu: »War es das wert? Wie sehr könntest du diese 10.000 € jetzt gebrauchen, hmm?«

Oh, so sehr. Je älter ich werde, desto dringender scheine ich diese Summe eigentlich ständig zu brauchen. Für die Anzahlung eines Autos oder als Nachweis meiner finanziellen Kredibilität. Als generelles Sicherheitspolster für jegliche falschen Entscheidungen, die mir passieren können, wenn ich freiberuflich arbeite, wenn ich berufliche Risiken eingehe. Als Notgroschen in einem Monat, in dem ich nicht gut verdiene.

Doch dann denke ich an all die Momente, die ich verpasst hätte. An all die Songs, an all die Glücksgefühle, an das Kicken in jeder Faser. Daran, wie oft ich springend und nach Luft ringend meine Arme in Richtung Euphorie ausgestreckt habe. Ich denke an die Platzregengüsse, an die klammen Regenponchos und uns, wie wir lachend im Fotoautomaten Schutz suchten. Ich denke an die vielen Freundschaften zurück, die kein Sommer jemals wieder zurückbringen kann, aber die in diesem einen einfach alles waren. Ich denke an die Gewitternächte, in denen wir in meinem Auto schliefen. Daran, wie wir an einem der viel zu heißen Sonntage noch spät nach dem Headliner mit offenen Fenstern zurück nach Hamburg fuhren – die Bänder noch am Handgelenk, Gras- und Sandflecken auf unserer Kleidung, in unseren Haaren und Gesichtern. Wie wir all die Songs des Wochenendes in einer Playlist festgehalten und mitgesungen haben. 140 Kilometer lang die Zufälle und Geschichten, die wir in den letzten Tagen erlebt hatten, gefeiert haben.

»Natürlich ist es das wert!«, antworte ich mir selbst und muss den Kopf darüber schütteln, dass ich überhaupt kurz gezögert habe. Dass ich zugelassen habe, dass mir irgendeine Summe wichtiger erschien als die Summe so vieler Erinnerungen, die mir niemand nehmen kann.

Natürlich ist es wichtig, dass wir an unsere Zukunft denken. Ich kenne keinen Millenial, keinen Gen Z oder Alpha, die das nicht täglich tun – manchmal inspiriert von unseren Träumen, manchmal gehetzt von den Erwartungen. Wir fragen uns so oft, ob wir es eigentlich richtig machen: Leben. Irgendwann dann sogar, ob wir es nicht viel früher hätten optimieren können. Besser angehen, besser anlegen. Und dann erschrecken wir uns, wie deutsch wir klingen.

Wer sich verbissen um Geld sorgt, wird das auch noch tun, wenn er längst genug davon hat. Was ich sagen will, ist: Manche Menschen investieren in Anlageoptionen, manche in schwankende Währungen, andere in Wertpapiere. Es gibt Menschen, die investieren noch immer in NFTs, und natürlich gibt es auch solche, die gar nichts investieren, die ziellos konsumieren, leere Trends oder gefühlten Status. Und dann gibt es solche, die investieren immer mal wieder in Momente, in Gefühle, nicht in das Irgendwann, sondern das Hier und Jetzt. Und ich bin eine von ihnen. Und ich habe beschlossen, mich nie wieder schlecht damit zu fühlen.

#9

Songmomente

Es gibt ein paar Songs, die ich nicht nur immer wieder hören, sondern fühlen muss. Die ich am liebsten im Auto lauthals mitsinge, während die Fenster heruntergelassen sind. Die mir noch immer Gänsehaut machen oder mich lebendig und frei fühlen lassen.

Praise You - Fatboy Slim

Nothing Breaks Like a Heart - Mark Ronson (feat. Miley Cyrus)

Two Fingers - Jakes Bugg

Vagabond - Wolfmother

Dark on Fire - Turin Brakes

Style - Taylor Swift

Pink + White - Frank Ocean

Deceptacon - Le Tigre

I Want To Break Free - Queen

Crystalised - The xx

A-N-N-A - Freundeskreis

Solsbury Hill - Peter Gabriel

Breathe Life - Jack Garratt

XOXO - Casper, Thees Uhlmann

Bloodstream - Ed Sheeran

Bitch - Meredith Brooks

Clocks Go Forward - James Bay

Points of Authority / 99 Problems / One Step Closer - JAY-Z, Linkin Park

Million Reasons - Lady Gaga

I Don't Want to Be - Gavin DeGraw

#10

Ein Moment, für den andere kämpften und wir wieder kämpfen müssen

Als ich in der 10. Klasse bin, bekomme ich im Ethik-Unterricht das Thema »Schwangerschaftsabbruch« zugewiesen. Ich soll eine Hausarbeit über medizinische Ethik und die freie Entscheidung der Frau schreiben. Ich glaube zu diesem Zeitpunkt, dass jede Frau sich jederzeit entweder für oder gegen eine Schwangerschaft entscheiden darf. Für mich ist das ein vollkommen selbstverständliches Recht. Ich bin so aufgewachsen, so aufgeklärt worden. Ich habe mir bis zu diesem Zeitpunkt nie darüber Gedanken gemacht, dass das etwas Besonderes sein könnte. Dass heute noch irgendjemand dafür kämpfen müsste.

Am Nachmittag beginne ich mit meiner Recherche und lerne, dass der gesetzliche Beschluss, dass Frauen in Deutschland straffrei abtreiben dürfen, wenn seit der Empfängnis nicht mehr als zwölf Wochen vergangen sind, erst am 29.Juni 1995 im Deutschen Bundestag verabschiedet wurde. Bis zu diesem Zeitpunkt war eine Abtreibung weitgehend illegal. Sie war nur unter bestimmten Umständen erlaubt, wie zum Schutz des Lebens der Frau oder in Fällen von schwerer Vergewaltigung. Zwar hatte man die Gesetze nach und nach gelockert. Gerade in der damaligen DDR wurde den Frauen eine größere Entscheidungsfreiheit über einen Schwangerschaftsabbruch zugestanden (vermutlich auch, weil der Staat ein großes Interesse an der Arbeitskraft seiner Bürgerinnen hatte), aber erst seit 1995 wurde der Frau das Recht auf eine eigene freie Entscheidung über ihren Körper *wirklich* (also allumfassend) zugesprochen.

Ich lerne außerdem, dass die Pille erst 1961 in Deutschland eingeführt wurde. Vorher gab es für Frauen keine andere unabhängige Verhütungsmethode als die der Temperaturmessung. Die Pille durfte aber nicht an alle Frauen verkauft werden, sondern nur an jene, die verheiratet waren und deren Ehemänner der Verschreibung ausdrücklich und schriftlich zugestimmt hatten.

Erst in den 70er-Jahren wurde das Gesetz geändert. Für viele Frauen war dies ein Durchbruch der feministischen Revolution. Bis heute muss die Pille in Deutschland von einem Arzt verschrieben werden, eine Pille für den Mann gibt es noch immer nicht. *Zu wenig Interesse. Aha.*

»Das heißt, nur wenn man vergewaltigt wurde oder aber kurz davor war, die Schwangerschaft nicht zu überleben, durfte man sie wirklich abbrechen?!«, frage ich meine Lehrerin, als wir ein paar Tage später einen Zwischenstand unserer Hausarbeiten in einzelnen Arbeitsgruppen besprechen.

Sie nickt. »Frauen hatten auch in Deutschland lange nicht die gleichen Rechte, die ihnen heute zugesprochen werden. Die feministische Revolution von 1968 war ein entscheidender Moment für Geschlechtergerechtigkeit. Stell dir einfach vor, zum ersten Mal kommen Frauen und auch Männer in unserem Land zusammen und sagen: ›Wir alle verdienen gleiche Chancen, unabhängig von unserem Geschlecht!‹ Frauen wollten damals ganz grundsätzliche Dinge, die sie vorher nicht entscheiden durften. Zum Beispiel die Freiheit, ihre Bildungswege und Karrieren selbst zu wählen, selbst entscheiden zu dürfen, wann und wie viel sie arbeiteten. Oder die Freiheit, ein eigenes Bankkonto zu eröffnen.«

»Ein eigenes Bankkonto? Unsere Großmütter hatten ... keinen Zugriff auf ihr Geld?«, fragt meine Mitschülerin Clara, und unsere Lehrerin nickt wieder.

»Wenn eine Frau arbeiten wollte, musste das ihr Ehemann erlauben. Erst 1977, als Reaktion auf die Revolution der 68er, wurde das Gesetz geändert. Bis zum 1. Juli 1958 hatte jeder Ehemann die Möglichkeit, den Job seiner Frau entweder abzulehnen oder ihn ohne ihre Zustimmung fristlos zu kündigen. In Bayern mussten Lehrerinnen wie ich zum Beispiel zölibatär leben, also wie Priester. Heirateten sie, mussten sie ihren Beruf aufgeben. Denn sie sollten entweder voll und ganz für die Erziehung fremder Kinder zur Verfügung stehen oder sich als ein positives Vorbild um ihren eigenen Nachwuchs kümmern. Bis 1958 hatte der Ehemann das alleinige Bestimmungsrecht über seine Frau: wo sie lebte, wo sie wohnte, ob sie verhütete, arbeitete, was sie einkaufte, zu welchem Arzt sie ging. Erst Anfang der 70er wurden Frauen dann geschäftsfähig, durften ihre eigenen Konten eröffnen, ihr eigenes Geld verdienen und waren nicht mehr auf das ›Taschengeld‹ ihres Mannes angewiesen.«

Ich kann das, was ich da höre, kaum glauben. Wir haben das Jahr 2005. Und erst seit knapp 30 Jahren dürfen Frauen über ein Minimum ihres Lebens entscheiden? Erst seit zehn Jahren über ihren Körper? Wie kann es sich für mich so normal, so selbstverständlich anfühlen? Wie kann etwas, das sich anhört wie das tiefste Mittelalter, vor gerade einmal 30 Jahren noch der Alltag einer Frau gewesen sein? Es fühlt sich für mich so absurd, so unvorstellbar an, dass mich irgendjemand dazu zwingen darf, ein Kind zu bekommen oder meinen Job aufzugeben. Dass ein anderer Mensch – am besten noch ein Mann – darüber entscheiden durfte, was mit meinem Körper passierte. Allein bei dem Gedanken daran bekomme ich Gänsehaut.

Am Freitag, dem 24. Juni 2022 hob der Oberste Gerichtshof der USA das *Roe-v.-Wade*-Urteil von 1973 auf. Roe v. Wade war eine wegweisende Entscheidung, in der das Gericht festlegte, dass die Verfassung der Vereinigten Staaten im Allgemeinen das Recht auf Abtreibung schützen sollte. Es hatte beinahe 49 Jahre Bestand und beeinflusste auch die weltweite Rechtsprechung. Beispielsweise unterstützte es auch in Europa die Bemühungen der Frauenbewegung.

In dem *Roe-v.-Wade*-Urteil geht es um eine Frau namens Norma McCorvey, die aus Datenschutzgründen den Namen »Jane Roe« verwendete. Sie wurde im Jahr 1969 zum dritten Mal schwanger und entschied sich dagegen, ein drittes Kind zu bekommen. Aber ihr Heimatstaat Texas erlaubte eine Abtreibung nur, wenn das Leben der Mutter in Gefahr war. McCorveys Anwälte brachten ihren Fall vor Gericht und argumentierten, dass die Abtreibungsgesetze in Texas gegen die Verfassung der Vereinigten Staaten verstoßen würden. Im Januar 1973 traf der Oberste Gerichtshof seine Entscheidung zugunsten von Norma McCorvey. Er erklärte, dass die Verfassung das Recht einer Frau auf Privatsphäre schütze, einschließlich ihres Rechts, sich für eine Abtreibung zu entscheiden. Dieses Urteil änderte schlagartig die Regeln für

Abtreibungen in den gesamten Vereinigten Staaten und machte viele frauenfeindliche Gesetze ungültig. Die Entscheidung garantierte allen amerikanischen Frauen und auch solchen, die die USA besuchten, ein Recht auf Selbstbestimmung.

Mit der Aufhebung des Gesetzes im Jahr 2022 trat in vielen amerikanischen Staaten mit sofortiger Wirkung wieder das Abtreibungsverbot ein. Auch das Gesetz in Texas besagt nun wieder, dass Abtreibung im Allgemeinen nach etwa sechs Schwangerschaftswochen nicht mehr erlaubt ist. Viele Frauen realisieren in dieser frühen Phase oft nicht einmal, dass sie schwanger sind. Das bedeutet, dass die Entscheidung gegen eine Abtreibung für sie bereits getroffen wurde, bevor sie überhaupt die Möglichkeit haben, darüber nachzudenken. Anstatt das Gesetz außerdem von staatlichen Behörden kontrollieren zu lassen, ist es von nun an auch Bürgern erlaubt, rechtliche Schritte gegen Ärzte oder andere einzuleiten, die bei einer Abtreibung helfen. Das bedeutet, dass jeder Bürger einen Arzt, eine Krankenschwester oder einen Gesundheitsdienstleister nicht nur anzeigen, sondern auch verklagen darf, der einer Frau bei einer Abtreibung hilft. Das Gesetz macht keine Ausnahmen für Fälle, in denen eine Frau aufgrund von Vergewaltigung oder Inzest schwanger wurde. Ich möchte an dieser Stelle und in diesem Kapitel Platz für zwei junge Frauen machen, die stellvertretend für all jene stehen, denen das Recht, über ihren Körper zu entscheiden, genommen wurde.

Amanda:

Amanda und Josh erwarten ein Baby – es ist ein Wunschkind.

In der 18. Woche platzt Amandas Fruchtblase. Ihr Arzt sagt

ihr, dass das Baby nicht überleben wird. »Mein Muttermund öffnete sich 22 Wochen zu früh, und ich werde zwangsläufig eine Fehlgeburt erleiden«, schreibt Amanda in einem Online-Essay.[2]

Sie und Josh bitten die Ärzte um jede mögliche Behandlung, um das Baby zu retten. Es gibt keine. Wenn bei einer Frau zu früh die Fruchtblase platzt, besteht ein hohes Risiko für eine lebensbedrohliche Infektion. Obwohl das Baby von Amanda und Josh diese Komplikation nicht überleben wird, hat es immer noch einen Herzschlag. Die Ärzte sagen, dass es ihnen nach dem Gesetz von Texas nicht möglich sei, die Schwangerschaft zu beenden.

Amanda gibt das Statement des Ärzteteams so wieder: »Im Moment müssen wir einfach abwarten, denn wir können die Wehen nicht einleiten, obwohl Sie mit Sicherheit Ihr Baby verlieren werden.« Das Gesetz von Texas erlaubt Abtreibungen nur dann, wenn die Mutter sich in einem lebensbedrohlichen körperlichen Zustand befindet.

Ein Arzt, der gegen dieses Gesetz verstößt, riskiert seine ärztliche Zulassung und im schlimmsten Falle eine lebenslange Haftstrafe. Sie schicken Amanda nach Hause, bitten sie, auf Anzeichen einer Infektion zu achten, und sagen ihr, dass sie die Schwangerschaft erst würden beenden können, wenn Amandas Zustand sich verschlechtere. Eines der möglichen Risiken: eine tödliche Sepsis.

Josh und Amanda denken daraufhin darüber nach, die Abtreibung in einem anderen Bundesstaat legal vornehmen zu lassen. »Der nächste Bundesstaat ist mindestens acht Stunden Fahrt entfernt«, schreibt Amanda. »Die Entwicklung von einer Sepsis – die schnell lebensbedrohlich werden kann – in einem Auto mitten in der westtexanischen Wüste oder 30.000 Fuß über dem Boden ist ein zu großes Risiko.«

Also warten sie in Texas.

Am 26. August, drei Tage, nachdem Amandas Fruchtblase geplatzt ist, verschlechtert sich ihr Zustand plötzlich rapide. Sie bekommt Fieber, binnen Minuten ist sie zu schwach, zu sprechen oder selbstständig zu gehen. Als ihr Fieber auf 40 Grad Celsius ansteigt und sie kaum noch bei Bewusstsein ist, halten die Ärzte Amanda für krank genug, um sich rechtlich sicher zu fühlen, die Schwangerschaft zu beenden. Dennoch breitet sich die Infektion in ihrem Körper weiter aus. Amandas Blutdruck fällt ab, Antibiotika und Bluttransfusionen schlagen nicht an. Als sie das Bewusstsein über längere Zeit verliert, legen die Ärzte ihr eine intravenöse Leitung nahe dem Herzen, um Antibiotika und Medikamente zur Stabilisierung ihres Blutdrucks zu verabreichen. Schließlich wandelt sich Amandas Zustand – sie überlebt knapp. Ob sie jemals wieder ein Kind bekommen kann, ist unklar.

»Pro Leben« lautet der Slogan der Abtreibungsgegner. Amanda wäre fast gestorben.

Ashley:

Im Herbst 2022 wird Ashley von einem Fremden im Hof vor ihrem Haus vergewaltigt.[3] Sie ist zu diesem Zeitpunkt gerade 13 Jahre alt. Wochenlang erzählt sie niemandem, was passiert ist, nicht einmal ihrer Mutter Regina.

Schließlich findet diese heraus, dass ihre Tochter schwanger ist. Bei einem Arztbesuch fragt Regina, ob es eine Möglichkeit gibt, Ashleys Schwangerschaft zu beenden.

Sieben Monate zuvor hätte man Ashley noch beispielsweise an Abtreibungskliniken in Memphis, 90 Minuten von ihrem Zuhause in Clarksdale entfernt, verweisen können. Man hätte sich medizinisch umfassend um sie gekümmert, die Kosten dafür übernommen. Aber Ashley lebt bereits mitten in einem abtreibungsfreien Teil der USA. Der Arzt teilt Regina mit, dass die nächstgelegene Klinik, die eine legale Abtreibung für Ashley durchführen dürfe, in Chicago sei. Für diese neunstündige Fahrt müsste Regina sich freinehmen. Sie müsste für Benzin, Essen und eine Unterkunft für ein paar Nächte aufkommen und natürlich auch die Abtreibung selbst bezahlen. Sie hat nicht die Mittel dafür. Ihrer Tochter bleibt nichts anderes übrig, als das zu tun, was so viele junge Mädchen in den USA gerade tun, wenn sie in einem der 24 Staaten, die eine Abtreibung verbieten, leben und sich eine lange Reise nicht leisten können: gar nichts.

Allein bei dem Gedanken an diese zwei Geschichten, die nicht nur passiert sind, sondern wieder passieren werden, bekomme ich Gänsehaut. Bei dem Gedanken daran, dass diese Entwicklung auch auf Europa, auch auf den Rest der Welt zweifelsohne einen Einfluss haben wird, bekomme ich Angst.

#11

Ein Moment, in dem ich mich verliere

Es fängt mit einem einfachen Kaffee an. Und einem Bekannten, der uns einander vorstellt. *Er* braucht eine Fotografin für sein Portfolio, ich brauche einen Job. Er arbeitet als freischaffender Künstler in der Nähe von Hamburg, ich mache mich nach dem Abschluss meines Studiums gerade selbstständig. Die Chemie zwischen uns stimmt sofort. Ich finde seine Arbeiten inspirierend, und er findet, dass meine Fotografien genau die Stimmung einfangen, nach der er gesucht hat.

Aus dem Kaffee wird eine Zusage, und aus dem Auftrag, der mich sonst nicht länger als einen oder zwei Tage hätte beschäftigen sollen, wird ein ganzes Projekt. Statt nur sein Portfolio aufzustocken, schlägt er mir vor, an einem gemeinsamen Bildband zu arbeiten. Die Idee: Für ein paar Wochen begleite ich seinen Alltag, dokumentiere seine Arbeit und den Prozess hinter seinen Kollektionen.

Jeden Morgen fahre ich mit der Bahn ins Alte Land, hole mir einen schlechten Kaffee beim einzigen Bäcker, der um 06:00 Uhr morgens schon geöffnet hat, und trinke den lauwarmen Rest nach meinem Fußweg meistens auf der Bank vor dem Atelier. Marc teil sich die Räume mit vier oder fünf anderen Künstlern. Die meisten von ihnen arbeiten bis spät in die Nacht und schlafen dann bis in den Vormittag ihren kreativen Rausch aus. Er hingegen ist ein Frühaufsteher, arbeitet und schafft am liebsten, wenn die Welt um ihn herum noch schläft. Ich kenne das Gefühl.

Nach einer Woche haben wir uns eingespielt. Er arbeitet, ich dokumentiere, blättere mich durch sein Archiv, lerne seine Freunde und Kollegen kennen und beginne, mich aufgehoben zu fühlen – in dieser freischaffenden Familie, die sich für mich wie eine aufregende Blase voller kreativer Energie anfühlt. Wir reden stundenlang über Kunst und Inspiration, über die Gabe, Emotionen zu fühlen und dann auf einer Leinwand oder in Bildern greifbar zu machen. Wir kochen gemeinsam in der offenen Küche des Studios, sitzen manchmal einfach eine Weile stumm in der Sonne. Er raucht, wir hören Musik, und ich genieße es, dass ich hier draußen, außerhalb der Stadt, ungestört in einem Liegestuhl sitze und für eine halbe Stunde den Sommerhimmel anschauen kann.

Immer öfter bleibe ich nachmittags noch auf einen Eistee oder manchmal sogar ein Bier im Hinterhof sitzen, fühle mich so instinktiv wohl in seiner Nähe, genieße nicht nur die künstlerische Freiheit, die mir dieses Projekt bietet, sondern auch die Zeit mit ihm – dem Künstler.

Marc und ich klicken, fühlen uns voneinander verstanden und trotzdem herausgefordert. Er teilt schlagfertig aus, ich spiele den Ball zurück und genieße das verbale Pingpong zwischen uns.

Irgendwann fängt er an, mir ein paar Filmvorschläge für den Feierabend zu schicken. Ich sehe mir seine Lieblingsfilme an, bestehe aber darauf, dass er sich genauso durch meine Liste arbeitet. Eines Abends ruft er an, fragt, was ich gerade mache und ob ich mir mit ihm gemeinsam einen Film ansehen will. Was er damit meint, ist, jeweils genau zum gleichen Zeitpunkt auf *Play* zu drücken und die Szenen am Telefon zu kommentieren. Den ersten Film wählt er aus, den zweiten ich. Wir bestellen Pizza, diskutieren Szenen, ich mache mir einen Wein auf, er kocht zwischendurch Tee, wir streiten über Handlungsstränge, stoßen auf noch mehr Gemeinsamkeiten zwischen uns, verlieren uns in Details, und erst spät nach Mitternacht legen wir auf.

Als ich am nächsten Morgen in die U-Bahn steige, habe ich gerade einmal vier Stunden geschlafen, aber ich bin nicht müde – ich bin aufgeregt. In mir kickt die Vorfreude auf einen nächsten Tag mit Marc. Ich weiß, dass das vielleicht gefährlich ist, vielleicht schon eine überschrittene Grenze. Wenn in einem Raum eine Chemie herrscht, die über alles Platonische hinausgeht, dann spürst du es.

Ob du sie wahrhaben willst, ist eine andere Frage.

Ob du sie zulässt, ist deine Entscheidung.

Als ich ein paar Stunden später nach meinem Rucksack greife und Marc vorschlägt, dass ich bleibe, ihn zum Grillen bei Freunden begleite, habe ich mich entschieden. Nicht nur, dass ich der Anziehung und dem Kribbeln nachgebe, dem Wunsch, noch mehr Zeit mit ihm zu verbringen. Sondern auch, dass ich den Fakt zur Seite schiebe, dass dieser Mann, der mir gerade grinsend gesagt hat, wie sehr er sich auf einmal auf den Abend freut, eine Freundin hat. Sicher, er hat immer vermieden, sie zu erwähnen, nie viel über sie preisgegeben und immer wieder ausweichend auf Nachfragen reagiert. Aber das ändert nichts daran, dass mir bewusst ist, dass es sie gibt.

Ich dachte immer, ich wüsste genau, wo meine Grenze liegt und dass ich sie niemals auch nur um einen Zentimeter überschreiten würde. Einen anderen Menschen hintergehen? Ausgeschlossen. Die sein, mit der eine andere Frau hintergangen wird? Niemals.

Warum? Weil Frauen andere Frauen nicht betrügen. Weil Frauen sich gegenseitig nicht demütigen.

Als ich 18 Jahre alt war und auf einer Party, ebenso wie mein halber Jahrgang, Zeugin davon wurde, wie Moritz Henschel seine Freundin betrog, sagte ich es ihr am nächsten Morgen. Meine Freundinnen fanden, ich hätte zuerst mit ihm reden, ihm eine Chance geben sollen, es ihr selbst zu sagen. Dass es mir vielleicht auch nicht einmal zustand, mich überhaupt in eine Beziehung einzumischen, von der ich kein Teil war. »Wenn alle wissen, dass dein Freund dich hintergeht, nur du nicht, weil sich niemand *einmischen* wollte – wie würdest du dich fühlen?«, habe ich gefragt. Liebe und Beziehungen kamen mir damals so einfach, so schwarz oder weiß vor. Du küsst niemanden, der gerade eigentlich eine andere küssen sollte.

Fünf Jahre später kam ich mir beinahe selbstgerecht, beinahe arrogant vor. Als hätte ich nicht auch schon mehr als einmal in meinem Leben die Grenzen zumindest im Kopf überschritten. Als hätte ich mit meiner minimalen Beziehungserfahrung überhaupt irgendein Recht darauf, die Fehler oder Entscheidungen anderer Menschen zu beurteilen, deren Leben ich gar nicht kannte. Warum hatte ich jemals geglaubt, dass das, was zwischen zwei Menschen passiert, die Verantwortung einer dritten Person war? War es nicht eigentlich so, dass Liebe, Gefühle, Beziehungen, Trennungen von so viel mehr Faktoren abhingen? So viel komplizierter waren? Dass es zwischen Schwarz und Weiß noch so viel mehr Farben gab? Und ich glaube, jetzt gerade, während Marc und ich uns gefährlich nahekamen, hielt ich es nicht nur für eine waghalsige Rechtfertigung, sondern für beinahe poetisch, romantisch, mich zu fragen: Kein Mensch ist ohne Fehler – warum sollte es die Liebe sein? Was ist zum Beispiel, wenn alles stimmt, alles passt – außer das Timing? Was, wenn zwei Menschen sich magisch anziehen, nur eben im falschen Moment?

An diesem Abend passiert nichts, was man uns hätte vorwerfen können. Oder eben doch. Kein Kuss, aber immer wieder zufällige Berührungen. Seine Hand, die meine streift, als wir beide gleichzeitig nach unserem Glas greifen. Keine Worte, die nur für uns beide bestimmt sind, aber Blicke, die vielleicht einen Moment zu lang anhalten. Kein geteiltes Taxi, aber eine SMS vor dem Einschlafen.

»Gut angekommen?«, fragt er.

»Gerade zu Hause rein!«, antworte ich.

Er reagiert mit einem High-five-Emoji. Nichts, wofür wir uns schuldig fühlen müssten. Und trotzdem tue ich es. Nicht wegen der Nachrichten, die man nachlesen könnte, sondern wegen dem, was zwischen den Zeilen passiert ist. Für die Außenwelt hat hier gerade eine Gruppe von Menschen einen entspannten Abend miteinander verbracht. Aber in meinem Inneren fühlt es sich so an, als hätte ich den Abend gerade mit einem Mann verbracht – der ihn lieber mit mir anstelle seiner Freundin geteilt hat. Das hier ist der schmale Grat zwischen guten Freunden, die noch niemand hat stolpern sehen, und jenen, die trotzdem gerade dabei sind, die Kontrolle zu verlieren.

Wie es sich anfühlt, wenn ihr euch nur eine Woche später doch das Taxi teilt, er dich auf der Rückbank küsst, nach deiner Taille fasst, dich zu sich und schließlich aus dem Auto in seine Wohnung zieht und ihr erst im Morgengrauen, eingewickelt in Laken, vor der Realität flüchtet? Wie Kontrollverlust. Als würde der Kopf wissen, dass er auf einen Crash zusteuert, und trotzdem genau diesen Kick vor dem Aufprall vollkommen auskosten wollen. Es ist ein Rausch der Geschwindigkeit, auch wenn wir beide mit klopfenden Herzen stillstehen.

Du weißt, dass du die kommende Kurve niemals wirst nehmen können, dass sie dich aus der Bahn werfen wird, aber für einen kleinen Moment fühlt sich das hier so viel besser an als der drohende Crash, von dem du genau weißt, dass er unvermeidlich ist.

»Du bist nicht die, die belogen wird, sondern die, für die es sich zu lügen lohnt«, hatte ich irgendwann mal gelesen. Aber war das wirklich so? War ich wirklich die, mit der er nächtelang nicht nur jede Berührung, sondern auch seine Gedanken teilte? Gefühle, Pläne, Leidenschaften, seine Vergangenheit, seine ganze Welt? War ich die, für die er sich nachts aus der Wohnung schlich, um mich an der Straßenecke gegen eine Wand gelehnt zu küssen, bis mir die Knie weich wurden? War ich es wert, dass er für mich log? War unsere Verbindung wirklich so besonders, dass er dafür seine Beziehung riskierte? War ich wirklich so viel mehr als diese andere Frau? Zogen wir uns wirklich so magnetisch an, dass wir gar nicht anders konnten, als immer wieder nachzugeben?

Ich kannte nicht einmal ihren Namen, hatte sie längst gesucht, aber mit keinem Wort und keinem Foto auf irgendeinem seiner Kanäle entdeckt. Irgendwann vergaß ich fast, dass es sie gab. Solange es in seinen oder meinen vier Wänden nur uns gab, verschwand sie aus meiner Vorstellung. War nicht mehr seine Freundin, keinerlei Bedrohung für das, was wir hatten. Wir sprachen über sie. Ein paarmal. Das erste Mal am Morgen danach. Als ich wirklich so naiv daran glaubte, dass er sich noch am gleichen Tag trennen und für mich entscheiden würde. Und danach noch ein paarmal, wenn mein blindes Hochgefühl kurz Pause machte. Immer dann, wenn mein Gewissen sich wieder in mein Bewusstsein kämpfte. Meistens dann, wenn er sich von mir verabschiedete – um sie zu treffen.

»Es tut mir leid. Ich weiß, dass ich es beenden muss. Ich weiß, dass ich bei dir sein will. Aber das ist nicht so einfach«, schrieb er dann nach ein paar Stunden.

Und ich versicherte ihm, dass er kein Feigling war, dass ich ihm Zeit gab. Weil es vielleicht kompliziert sein *musste*, damit es gut war? Oder vielleicht auch, weil ich noch gar keinen Plan für das Danach hatte, weil ich mich so sehr an dieses konsequenzlose Hier und Jetzt gewöhnt hatte, es nicht einmal mehr infrage stellte? Weil ich wusste, dass das, was uns ausmachte, die Leichtigkeit war – und sie für ihn nur ohne Ansprüche funktionierte?

Das erste Mal, dass seine Freundin, die Frau, mit der er auch nach fünf Monaten noch immer Schubladen, Urlaubspläne, die meisten Nächte und zumindest theoretisch sein Leben teilt, für mich real wird, ist an einem Dienstagabend gegen 22:30 Uhr. Ich sitze auf seiner Schreibtischplatte, esse eine Frühlingsrolle und schaue ihm beim Versiegeln einer Leinwand zu. Eine Aufgabe, die vor allem dadurch verzögert wird, dass er sich immer wieder von mir ablenken lässt. Wir werden heute nicht die Nacht zusammen verbringen. Das tun wir nur alle drei Wochen. Mittlerweile kenne auch ich das Schichtsystem seiner Freundin auswendig, unsere gemeinsame Zeit ist so eingespielt, das Lügenkonstrukt fast natürlich geworden. Das Atelier ist unser

Zufluchtsort, und wann immer es mein Alltag zulässt, verbringe ich ihn dort. In den Spätschichtwochen bleibt uns oft ein gemeinsames Abendessen, die Nächte verbringen wir nur selten miteinander. Manchmal treffen wir uns während ihrer Nachtschicht in seiner Wohnung, manchmal in meiner.

Wir sind gerade in einen Kuss vertieft, als es im Foyer klingelt. Ich zucke zurück, richte mein Shirt und will ihn an den Schultern zurückschieben.

»Da vorne ist jemand«, flüstere ich.

»Ist egal.«

»Hey, was, wenn …«, ich versuche, ihn wieder auf Abstand zu bringen, »… jemand reinkommt?

»Dann hören wir es rechtzeitig. Ist wahrscheinlich nur Alex, der noch ein bisschen arbeiten muss«, sagt er in mein Ohr, bevor er mich wieder küsst.

Erst gute 15 Minuten später greifen wir nach unseren Sachen, schließen das Studio ab und schlendern zusammen ins Foyer. Und da sitzt sie. Wartend auf der Kante des Sofas. Fast hätte ich sie übersehen. Sie. Seine Freundin.

Während mich Panik packt und sich heiß und schmerzhaft in meinem Magen ausbreitet, bleibt er völlig ruhig, begrüßt sie mit einem flüchtigen Kuss auf die Wange und dreht sich dann zu mir um: »Du kennst Lina noch gar nicht, oder? Wir arbeiten seit ein paar Monaten zusammen. Sie ist die Fotografin hinter meinem neuen Bildband.«

»Oh, ja klar, hi.« Sie streckt die Hand aus, und wir begrüßen uns. Ich vermeide es, sie anzusehen, vermeide es, überhaupt irgendwas zu sehen. Meine Hand, die gerade ihre berührt hat, pocht in meiner Jackentasche.

»Wir haben gerade die neue Leinwand lackiert. Willst du sie dir ansehen?«, fragt er vollkommen unbeschwert.

»Ich bin ehrlich gesagt müde«, sagt sie leise und zuckt entschuldigend mit den Schultern. Als hinge Blei an mir, setze ich mich langsam mit einem verabschiedenden Nicken in Bewegung.

»Lina? Wir sehen uns morgen wieder gegen … sagen wir 14:00 Uhr? Für die finalen Aufnahmen der Leinwand? Bis dahin sollte die Versiegelung trocken sein.«

Wie ferngesteuert nicke ich. Mein Blick fällt noch einmal auf sie, wie sie abwesend mit ihrem Autoschlüssel spielt, darauf wartet, mit ihm zusammen das Atelier zu verlassen. Sie sitzt am äußersten Ende des Raumes, als gehöre sie hier nicht hin. Als hätte sie sich kaum hineingetraut. Ich ziehe die Tür auf, verabschiede mich, aber wage es nicht, mich noch einmal umzudrehen.

Ich weiß nicht, warum ich einen Moment lang glaube, dass er mir hinterherläuft, dass er sich erklärt, mich zum Stehenbleiben auffordert, die Situation irgendwie auflöst. Aber meine Schritte bleiben die einzigen, die durch den Innenhof hallen. Als ich den Bahnhof erreiche, habe ich meine Bahn um wenige Sekunden verpasst, lasse mich auf eine der freien Bänke am Bahnsteig fallen und lege meinen Kopf in den Nacken. Es ist kühl hier draußen. Ich weiß nicht, ob es der Schock oder die Temperatur ist, aber ich habe Gänsehaut. Auf einmal ist es unmöglich, noch länger zu leugnen, was ich so unbedingt nicht wahrhaben will:

Sie hat nicht einmal die Jacke ausgezogen, hat sich wortlos auf die Couch gesetzt und gewartet. Nicht nach ihm gerufen, ist nicht ins Studio gekommen, obwohl sie den langen Flur bis zur letzten Halle bestimmt schon unzählige Male gelaufen ist, ganz genau weiß, wo sich sein Studio befindet. Es gibt keinen Grund, wieso sie eine Viertelstunde im Halbdunkeln auf ihn gewartet hat. Es sei denn, sie hat längst gewusst, was sie erwarten würde.

Es sei denn, sie hat entschieden, dass sie es nicht sehen will. Das hier war nicht sein erstes Mal, nicht sein erster Auftritt dieser Art und damit nicht seine erste Affäre. Und auch nicht ihre. Das hier war auch nicht ihr erstes Mal in dieser Situation.

Es ist der Moment, in dem die Leichtigkeit endet. Endlich, vielleicht.

Ich fahre nicht nach Hause, steige vier Stationen vor meiner eigenen Haltestelle aus. Als ich vor Emmas Wohnung stehe, rufe ich sie an. Sie begrüßt mich mit einer Umarmung – und einer offenen Flasche Wein. »Ich bin endlich bereit, zu hören, was ich nicht habe hören wollen«, sage ich matt. Bisher habe ich ihr immer eine geschönte, aber nie die echte Version eingeschenkt. Bisher habe ich Details ausgelassen, aus Marc und mir etwas Besonderes gemacht: zwei leidenschaftlich Verliebte, die im Moment leben und auskosten, was sie haben, bis sie irgendwann von ganz allein wissen, wie es weitergehen könnte. Ich weiß gerade nicht einmal mehr, ob ich damit sie oder mich überzeugen wollte.

»Was hast du erwartet?«, fragt sie mich, wartet aber meine Antwort nicht ab. Ich kann spüren, dass sie noch so viel zu sagen hat. »Ich bin nicht überrascht. Und ich weiß auch gerade nicht, warum du es bist«, sagt sie.

Ich schlucke schwer, hefte meinen Blick auf die Tischplatte.

»Du wusstest, dass du nicht seine erste Affäre bist. Es ist unmöglich, dass du es nicht ganz tief in dir drin geahnt hast. Du hast Geschichten über diesen Mann gehört und dich trotzdem auf das alles eingelassen. Du bist nicht die erste Frau, die all das ignoriert, was sie eigentlich längst fühlt oder weiß, um ein bisschen länger an einem Mann hängen zu dürfen, der nicht einmal zu haben ist. Aber trotzdem mal ganz im Ernst: Was zum Teufel hast du erwartet?«

Ich zucke mit den Schultern. »Weiß ich nicht.«

»Dass die beiden nur noch in der Theorie existieren? Dass sie wie eine Wohnung ist, in der er immer mal wieder den Postkasten ausleert und ein paar Briefe sortiert? Die Fenster öffnet oder die Pflanzen gießt? Dass er nur nach dem Rechten schaut, wenn er Zeit mit ihr verbringt? Lina, die beiden sind seit drei Jahren zusammen. Vielleicht sogar noch länger. Sie teilen einen Alltag, die meiste Zeit ihre Wohnung, sie besuchen seine Eltern an Sonntagen, sie schlafen die meisten Nächte zumindest nebeneinander. Das ist nicht nichts – auch wenn es so anders ist als das, was ihr habt und er angeblich so sehr will. Lina, er führt mit dieser Frau eine Beziehung. Sie sind immer noch zusammen. Auch nach euren fünf Monaten noch. Und wenn du mich fragst, hatte er nie vor, das zu ändern.«

»Ich hab ihn ja noch nie gebeten, sich zu trennen.«

»Oh, bitte, als wenn das irgendetwas ändern würde! Am Anfang war es vielleicht nur Leidenschaft, irgendeine Anziehung zwischen euch, aber seit spätestens drei Monaten hast du dich vollkommen in dieser Geschichte verloren. Du hast nicht nur mir oder euren jeweiligen Freunden etwas vorgemacht, sondern vor allem dir selbst. Hast du den Gedanken mal zugelassen, dass du ihm nur deswegen kein Ultimatum stellst, weil du eigentlich selber weißt, dass er einen Weg finden würde, es doch wieder zu umgehen?«

Ich kann ihr nicht antworten, kämpfe mit Tränen, Scham und ebenjener Realität. Emma drückt meine Hand. »Du weißt, dass ich nur so hart zu dir bin, weil ich dich lieb habe, ja?«

Drei Stunden später liege ich eingewickelt in eine Wolldecke auf ihrer Couch. Mein Körper, mein Kopf, mein Herz, jede Faser in mir ist erschöpft – aber ich kann trotzdem nicht schlafen. Irgendwo in der Dunkelheit vibriert schon wieder mein Handy.

Zwölf Anrufe in Abwesenheit und neun ungelesene Nachrichten habe ich gezählt, als ich es vorhin für einen kurzen Moment in die Hand nahm. Jede einzelne Notification auf meinem Bildschirm gehört ihm. Ich habe gelesen, dass ich ans Telefon gehen, dass ich mich verdammt noch mal melden, dass ich mit ihm reden soll.

»Rede mit deiner Freundin«, habe ich geantwortet und es achtlos zur Seite gelegt. Ich komme mir nicht mehr begehrenswert vor, nicht mehr beflügelt. Ich fühle mich schäbig, ich fühle mich lächerlich, taub. Ich fühle mich zum ersten Mal in meinem Leben vollkommen austauschbar. Und während ich an die Decke starre, die Lichter der Autos, die so spät noch unterwegs sind, vorbeiziehen lasse, wird mir bewusst, dass ich dieses klamme Gefühl verdient habe.

Es ist wie mit der Motte und dem Licht. Obwohl ich weiß, dass ich mich verbrennen, dass ich niemals ankommen und nur immer wieder in ein grelles Nichts flattern werde, halte ich es irgendwann nicht mehr aus und gebe dem sehnsüchtigen Drang in mir nach, auf seine Anrufe zu reagieren.

»Ich wünschte, es wäre nicht so fucking kompliziert. Alles, was ich weiß, ist, dass ich dich nicht verlieren will, dass ich uns nicht einfach aufgeben kann. Ich will, dass wir irgendwann eine echte Chance haben, dass wir irgendwann wirklich, richtig zusammen sein können«, schreibt er in einer seiner Nachrichten.

Es sind die Worte, nach denen wir uns sehnen, wenn wir jemanden so sehr vermissen. Und das tat ich. Ich vermisste ihn, ich vermisste unsere Nähe, die Zeit im Atelier, die Nächte in seiner Wohnung. Ich vermisste, wie intensiv, wie euphorisch ich mich gefühlt hatte, und ertrug kaum den Gedanken daran, dass alles, was mir gerade blieb, eine Form von Taubheit war. Jeder Satz, der auf meinem Bildschirm erschien, fühlte sich irgendwann wie eine Medizin an. Wie ein Schmerzmittel, das ich einfach nur verweigerte.

Wenn du jemanden vermisst, während er mit seinen Worten immer und immer wieder deine Nähe sucht, fühlt es sich fast so an, als würdest du dir den Schmerz selbst zufügen. Als würdest du dir aussuchen, unglücklich zu sein, während du doch eigentlich glücklich sein könntest – wenn du nur antworten würdest.

Irgendwann hielt ich es nicht mehr aus, konnte mir nicht länger verbieten, was mich doch vielleicht so glücklich machen könnte. Es war, als wüsste er genau, welche Dinge er sagen, welche Versprechen er einlösen und welche er zumindest vage in Aussicht stellen musste, damit ich wieder ein paar Schritte auf ihn zu machte. Damit er mich irgendwann wieder zu greifen bekam, mich umarmen konnte und nur darauf warten musste, dass ich danach von ganz allein wieder seine Nähe suchte. Nicht einmal ein Monat lag zwischen dem Abend im Atelier und dem ersten, an dem ich wieder bei ihm übernachtete.

Und dennoch hatte sich etwas verändert. Das Knistern zwischen uns, das sich vorher wie eine berauschende Leichtigkeit angefühlt hatte, von der wir uns tragen ließen, war zu einem vibrierenden Nachbeben geworden.

Wenn er manchmal tagelang nicht zu erreichen war, nahm ich es nicht mehr geduldig hin, sondern verbrachte meine Zeit damit, immer wieder um die Frage zu kreisen, ob er gerade wirklich nur in eine neue Arbeit vertieft – oder bei ihr war. Ich tastete seine Nachrichten nach Lügen ab, traute ihm nicht einmal mehr, wenn er vor mir stand, aber sehnte mich gleichzeitig nach dem alten Gefühl von Intimität. Wenn er, wie jetzt, zum Telefonieren ins Badezimmer ging, kuschelte ich mich nicht mehr in die Laken und saugte seinen Geruch ein, bis er sich wieder neben mich legte. Ich saß aufrecht im Bett, mit einem Pochen in der Brust. Unfähig, einfach zu gehen – obwohl ich nicht einmal mehr bleiben wollte. Ich hatte mich selbst in eine Welt fallen lassen, die ich nie wieder zurückhaben konnte und die mich trotzdem nicht loslassen wollte. Ich saß fest in meinen verletzten Gefühlen, den verwaschenen Lügen und leeren Worten.

Als er schließlich zurück ins Schlafzimmer kommt, zieht er sich einen Pullover über, greift nach seiner Jacke, die neben dem Bett liegt, und beugt sich dabei zu mir herunter.

»Ich muss los«, flüstert er und küsst mich auf die Stirn.

»Wohin?«, frage ich.

»Das weißt du doch.«

Wortlos folge ich ihm bis zur Tür, an der nicht nur sein Rucksack steht, sondern auch eine Papiertüte, die mir bis dahin gar nicht aufgefallen ist. Ich sehe Wärmebehälter vom Italiener. Zwei Portionen. Und eine Flasche Wein.

»Du gehst zu ihr, oder?« Meine Stimme bebt. »Du verbringst den Abend mit deiner Freundin, und du bringst es sogar fertig, euer beschissenes Dinner im Flur abzustellen?«

Er zuckt mit den Schultern. »Ist immer noch meine Wohnung, oder?«

Ich ignoriere seinen Tiefschlag. »Du holst romantisches Essen für euch? Ernsthaft? Stellst es in den Flur? Nicht einmal in den Backofen, um es warm zu halten? Wäre das nicht praktischer gewesen?« Meine Stimme reibt sich an der Lautstärke, mit der ich ihn anschreie, überschlägt sich beinahe.

»Hey! Beruhige dich! Was ist das für ein hysterischer Auftritt?«, antwortet er kühl und zieht sich seine Jacke an, ohne mich anzusehen.

»Du bestellst mich hierher, schläfst mit mir und haust danach ab? Zu ihr? Wirklich?! Was für ein Arschloch bist du eigentlich?«

»Was soll ich machen, hmm? Ihr sagen, dass ich viel lieber bei dir wäre? Du weißt, dass sie dann ausflippt und vollkommen zusammenbricht. Ich hab dir gesagt, dass sie psycho ist!«

»Wenn sie wirklich so psycho ist: Hast du dich mal gefragt, wer sie dazu gemacht hat?«, rufe ich wütend, aber er schüttelt nur den Kopf.

»Weißt du, vielleicht trenne ich mich nicht, weil ich nicht weiß, ob du nicht in ein paar Monaten ganz genauso bist wie sie.«

Damit lässt er mich stehen. Und ein Teil von mir begreift, dass es dieser letzte Schock ist und dieser endgültige Ausbruch meiner eigenen Wut, den ich gebraucht habe.

Zehn Minuten später sitze ich im Taxi. Seinen Schlüssel habe ich auf dem Küchentisch liegen, die Tür hinter mir ins Schloss fallen lassen. Mit jeder Straße und jedem Kilometer, den ich zwischen mich und seine Wohnung bringe, geht es mir besser.

Ich habe nicht einmal eingefordert, was er mir immer wieder ausgemalt hat, habe ihn nicht einmal vor die Wahl gestellt, sich für sie oder mich zu entschieden, und dennoch endlich verstanden, wie eine Zukunft mit Marc aussehen würde. Und danach mit jeder Faser das Gefühl gehabt, dass es alles war, was ich auf keinen Fall wollte – ganz egal, wie oft ich mir selbst eingeredet hatte, *dass* er alles war, was ich wollte.

Er wird mich noch unzählige Male anrufen, sich in einem Kreis aus falschen Versprechen, Ausreden, Bitten und Drängen, Vorwürfen und Entschuldigungen drehen. Zweimal wird er sogar noch vor meiner Tür stehen, einmal mit gepackten Koffern. Er wird vorschlagen, unsere Träume zu leben, diesen Trip nach Prag, den wir uns so oft gemeinsam ausgemalt haben, endlich zu machen. Aber dieses Mal zerrt keine Sehnsucht an mir, dieses Mal tut nichts weh. Alles, was bleibt, ist ein schaler Geschmack.

Ich erzählte seiner Freundin nie von uns. Nicht, weil ich zu feige war, nicht, weil mir der Mut fehlte, die Konsequenzen für unsere Affäre und meine Entscheidungen zu tragen. Sondern weil es für sie nichts geändert hätte. Weil es lediglich mein Gewissen erleichtert, aber sie nur noch einmal final gedemütigt hätte. Weil ich irgendwann verstanden hatte, dass sie es längst wusste. Und dass er und sie mich tatsächlich nichts mehr angingen.

»Warum hast du es beendet? Warum jetzt? Warum nicht schon vor Monaten?«, fragte Emma mich, als wir uns zu einem gemeinsamen Spaziergang durch den Stadtpark trafen.

»Weil es am Anfang für einen kleinen Moment alles war. Und ich erst später verstanden habe, dass ich es trotzdem nie haben kann. Dass wir kein unglaublicher Ausnahmezustand sind, sondern eine hässliche Routine.«

Sie nickte. Nicht, als würde sie mir zustimmen, aber zumindest verstehen, was ich da sagte.

Wir glauben immer, dass es einen großen Knall braucht, um uns von den falschen Entscheidungen zu lösen. Aber ich glaube, das stimmt nicht. Jeder neue Knall, jede neue abrupte Verletzung lässt uns in einer Art Trauma zurück. Wir geraten in eine Art Schockzustand, in dem wir uns an all das klammern, was wir auf keinen Fall verlieren wollen. Selbst wenn wir genau wissen, dass es der eigentliche Grund für unseren Schmerz ist. Wir rollen uns ein, beschützen uns, warten die Nachbeben ab, sind darauf programmiert, auf keinen Fall loszulassen, ohne was wir nicht leben können oder wollen. Unser Innerstes ist unter Beschuss - und mit jeder weiteren Lüge, mit jeder weiteren Verletzung wird es schwerer, überhaupt noch aufzuschauen, irgendeine Richtung zu erkennen. Aber wenn sich irgendwann der Kugelhagel legt, wenn wir uns irgendwann aufrichten, vermeintlich sicher fühlen und in dem ganzen Schutt nach einem neuen Anfang suchen, sehen wir, was wirklich übrig bleibt. Von uns selbst, von dem, was mal so was wie Liebe war.

Vielleicht ist das der Grund, wieso toxische Beziehungen manchmal so unglaublich lange halten. Wer immer wieder verletzt wird, braucht immer wieder etwas gegen den Schmerz. Wer irgendwann wieder auf die Beine kommt, hat eine Chance, aufzustehen und vorsichtig aufzuräumen und schließlich einen ruhigen Platz zum Atmen, zum Heilen zu finden.

»Für mich fühlte sich alles zwischen uns an wie ein Rausch. Wie etwas, das ich noch nie zuvor gemacht hatte, mir niemals hatte vorstellen können«, sagte ich. »Da war dieses Gefühl, dass wir uns auf keinen Fall verpassen durften, dass wir magnetisch waren. In dem Moment, in dem ich die Grenze mit ihm überschritt, glaubte ich wirklich, dass es fast schon vorbestimmt war, dass wir uns in diesem Leben einfach treffen mussten – auch wenn es der vollkommen falsche Zeitpunkt war. Ich fühlte mich auf eine berauschende Art und Weise endlich einmal außer Kontrolle. Und habe dabei vollkommen übersehen, dass er sie die ganze Zeit über hatte. Es gab mal eine Zeit, da hat sich das alles zwischen uns angefühlt wie Magie. Ich weiß, wie das klingt. Aber in dem Moment, in dem mir klar wurde, wie routiniert er mit uns, mit ihr, mit diesem Zwist umging – als ginge es nicht darum, sich jemals zu entscheiden, sondern nur darum, besser zu organisieren –, wurde aus dem Zauber irgendwie sofort ein billiger Taschentrick. Hätte er vor ein paar Monaten mit diesen Tickets vor meiner Tür gestanden, hätte ich es für ein kosmisches Zeichen gehalten, das ich nicht einfach ignorieren konnte. In Wahrheit war es ein weiteres Ablenkungsmanöver, mehr nicht. Ein Versuch, sich mit zwei Nächten in Prag ein paar weitere Wochen zu erkaufen, die er zwischen den Frauen verbringt, für die er sich nicht entscheiden will. Der einzige Mensch, für den Marc sich immer wieder entscheidet – ist er selbst.«

»Was ich zu verstehen versuche, ist eher: Woher kommt das alles? Diese Klarheit? Vor ein paar Wochen hast du sie nicht einmal sehen wollen, wenn man sie dir aufzwingen wollte. Wenn man sie unübersehbar in deinen Weg gestellt hat. Was ist passiert?«

Ich zucke mit den Schultern. »Es brauchte keinen großen Knall, keinen großen Schock. Alles, was ich brauchte, war ein Moment, in dem er mich ganz ungeschönt sehen ließ, was ich von ihm bekommen würde. Was jede Frau von ihm bekommt. Und wie wenig aufregend, wie wenig besonders das alles ist. Wie austauschbar.«

Emma nickte. »Vermisst du ihn trotzdem?«, fragte sie.

»Nein«, antwortete ich. »Nur die Vorstellung von ihm. Und selbst die vermisse ich nicht so sehr, wie ich mich selbst vermisse. Die Frau, die nicht gelogen, nicht betrogen oder andere Frauen verraten hat. Die keine Schichtpläne und Ausreden auswendig wissen musste, die nicht ständig ihre Chatverläufe gelöscht hat, bloß keine Spuren hinterließ, die sich nicht verstellt oder versteckt hat, die nicht einfach nur ein Teil einer Geschichte war, von der niemand wissen durfte. Die es eigentlich gar nicht gab. Ich will nichts davon jemals wieder sein. Weil ich so viel mehr bin.«

Ich ziehe die Eingangstür auf, bleibe wie eine Fremde im Foyer stehen, suche nach einem bekannten Gesicht, aber finde keines.

»Kann ich dir helfen?«, fragt mich eine Künstlerin, die mit Ölfarben an einer großen Leinwand arbeitet und mich bemerkt hat. Sie wischt sich die Finger an ihrer Schürze ab und lächelt mich an.

»Hi. Ich bin hier, um ein paar Stative abzuholen. Ich glaube, die stehen noch bei Marc.« Ich deute mit dem Kopf den Flur hinunter.

»Ja klar! Geh einfach durch!«, sagt sie und ich nicke. Ich atme tief durch, spüre, wie meine Schultern sich anspannen, aber setze mich in Bewegung. Die Tür steht offen, dennoch klopfe ich gegen den Rahmen.

»Hey, ich bin hinten!«, ruft seine Stimme. Und dann sehe ich ihn. Auf der Bank im Hinterhof, auf der wir vor ein paar Monaten noch Piroggen in der Mittagspause geteilt haben. Auf der Bank in der Sonne, auf der so vieles angefangen hat. Neben ihm steht ein Glas Wein. Und dann noch ein zweites. Die Frau, die neben ihm sitzt, lächelt mich unsicher an, hebt kurz ihre Hand zum Gruß. Marc wirkt kurz versteinert, wendet dann sofort seinen Blick ab und bleibt stumm.

Und auf einmal muss ich lachen. Kann es nicht unterdrücken, will es auch gar nicht. »Ich bin nur hier, um meine Sachen abzuholen«, sage ich und deute auf die zwei verpackten Stative, die noch immer in der Ecke lehnen, in der ich sie zuletzt abgestellt habe.

Marc reagiert nicht, die Frau nickt verunsichert. »Oh, okay«, sagt sie leise.

Ich mache einen Schritt auf sie zu. »Ich bin Lina«, sage ich und reiche ihr die Hand.

»Mara«, sagt sie lächelnd, es wirkt ehrlich. Unsere Blicke treffen sich, und ich entgegne ihr Lächeln.

»Pass auf dich auf, Mara«, sage ich, bevor ich mein Equipment schultere und mich zum Gehen wende.

#12

Ein Moment irgendwo in den Zwanzigern

Es ist die aufregendste, die wildeste, die vielleicht freiste und gleichzeitig die ungewisseste Zeit meines Lebens. Und um keinen Preis würde ich sie je missen wollen.

Ich war zum ersten Mal in meinem Leben single und frei. Kein Teenager mehr, keine Abiturientin, keine Studentin, keine Mitbewohnerin – sondern endlich, vielleicht zum ersten Mal überhaupt, nur ich selbst. Allein in meiner eigenen Wohnung mit der Freiheit, mein eigenes Leben zu gestalten. Nach einem Job, nach meiner Zukunft und ganz neuer Liebe zu suchen: Und ich hatte keine Ahnung, wie das ging.

Ich schlief noch immer auf nur einer Seite meines Doppelbettes, die zweite Decke und das zweite Kissen Nacht für Nacht unangetastet. Obwohl weder Mark noch irgendjemand sonst je hier neben mir geschlafen hatte, blieb die linke Seite meines Bettes auf einem seltsamen Stand-by. An Abenden, die ich ungewollt allein verbrachte, an denen mir die passende Crew fehlte, um durch die Bars zu ziehen oder tanzen zu gehen, drehte ich die Musik auf und wirbelte in meinem Wohnzimmer herum. Allein zu tanzen, ist eine seltsame Mischung aus Katharsis und Verlegenheit. »Was machst du hier eigentlich?«, fragte ich mein Spiegelbild und drehte die Musik wieder herunter. Generell fiel mir auf, wie viele Gespräche ich in letzter Zeit mit mir selbst geführt hatte. Noch nicht so viele, dass ich den Verstand verlor, aber ich vermisste die Spontaneität von Gesprächen mit jemand anderem. Ich lud Dating-Apps herunter, ohne anschließend auch nur je ein einziges Date zu haben. Löschte sie wieder, nur um mich danach durch die Facebook-Profile ehemaliger Flirts zu scrollen, von denen ich zwar wusste, dass sie hoffnungslos, aber immerhin nicht vollkommen unbekannt waren.

○

An Montagen fülle ich meinen Kühlschrank mit gesunden, frischen Lebensmitteln und dem Plan, mich selbst zu versorgen, an Donnerstagen stapeln sich die Take-away-Boxen und Pizzaschachteln neben meinem Sofa. An manchen Tagen arbeite ich diszipliniert, an anderen beinahe manisch kreativ durch die Nacht. An wieder anderen verkrieche ich mich mit zwei Staffeln *Gossip Girl* in meinem Bett und esse kalte Pizza zum Frühstück. Es gibt keine Routine, nur Extreme. Wann immer ich einen neuen Auftrag oder auch nur eine Anfrage für ein neues Projekt bekomme, wann immer eines meiner Angebote angenommen wird, ich meine To-do-Liste des Tages schon vor dem Nachmittag effizient abgearbeitet habe, fühle ich mich wie jemand, der sein Leben längst im Griff hat und auf dem Weg ist, nicht nur seine Selbstständigkeit, sondern eine ganze Marke aufzubauen. An Abenden, die ich barfuß zwischen zerknickten Rechnungen und Steuerunterlagen, gewappnet mit nichts als Wodka, einem Locher und nackter Panik auf dem Fußboden meines Schlafzimmers verbringe, bin ich mir unsicher, ob ich überhaupt die Richtung kenne. Ich bin entweder der präzise skandinavische Innenarchitekt meines eigenen Alltags oder ein orientierungsloser Waschbär mit Stimmungsschwankungen. Letzterer ist es, der den Pony schneidet und den Rest meiner Haare von einem hellen Blond in einen verwaschenen Pinkton färbt (»strawberry-blonde« werde ich das später nennen).

Eine Studie aus dem Jahr 2018, die in der Fachzeitschrift *International Psychogeriatrics* veröffentlicht wurde, hat ergeben, dass die Menschen in drei entscheidenden Lebensabschnitten am einsamsten sind: in den Zwanzigern, Mitte 50 und Ende 80.[4] Bei den Befragten in ihren Zwanzigern ist dieses Gefühl der Einsamkeit zum großen Teil auf Stress zurückzuführen, der durch die Notwendigkeit entsteht, nach dem Studium wichtige, lebensverändernde Entscheidungen zu treffen, z.B. wo sie leben, wo sie arbeiten und wie sie ihr Leben führen wollen. Man sagt uns an jeder Ecke, wir hätten unser ganzes Leben noch vor uns, und dennoch haben wir das Gefühl, dass alle kommenden Entscheidungen über die gesamte Zukunft bestimmen.

Auch mir kroch es immer wieder in den Nacken, tauchte immer dann auf, wenn ich über die nächsten Schritte in meiner Karriere nachdachte (oder – Gott bewahre – versuchte, einen Fünfjahresplan zu erstellen). Es schnürte mir die Kehle zu, wenn ich darüber nachdachte, einen völlig fremden Menschen auf einen Kaffee zu treffen, mit der Absicht, ihn – ja, was eigentlich? – unter der Voraussetzung kennenzulernen, dass ich mich wieder verlieben wollte? Es versetzte mich in Angst und Schrecken, wenn ich versuchte, meine Karriere zu definieren. Mein ganzes Leben über war ich angetrieben von dem gewesen, was als Nächstes kommen sollte. Und zum ersten Mal hatte ich kein klares Bild mehr vor Augen, aber so viele noch verschwommene Möglichkeiten.

○

Woher weiß ich denn, was ich will?

An jenem Abend fühle ich mich von der Last dieser Frage, die mir weder Google noch Netflix beantworten können, so verfolgt, von der Ungewissheit meiner Zwanziger so in die Enge getrieben, dass mein einziger Ausweg die Schere und die Tönung sind. Zack: Traumapony.

»Wenn das ein Schrei nach Aufmerksamkeit sein soll, ist er kurz – und laut«, kommentiert Svenja meinen neuen Look ein paar Tage später, als wir uns auf einen Kaffee treffen.

»Es ist nur ein Pony«, antworte ich und streiche mir mit den Fingern über die Haarfetzen auf meiner Stirn, als wollte ich sie verstecken.

»Drei todsichere Zeichen, dass du in einer *Quarterlife-Crisis* steckst: Du hast bisher mehr Geld für Astrologie-Apps ausgegeben als für deine Altersvorsorge. Du hast zumindest darüber nachgedacht, deinem ersten großen Crush aus der Kleinstadt eine DM zu schreiben, obwohl der inzwischen in einem Reihenhaus wohnt. Du schneidest dir nach Mitternacht einen Pony.«

»Schuldig, zwei von drei.«

»Hab ich mir gedacht.« Svenja hebt triumphierend ihre Kaffeetasse, und wir müssen beide lachen. »Also, was ist los?«

»Keine Ahnung. Ich kann zum ersten Mal in meinem Leben tun und lassen, was ich will. Ich hab die Freiheit, zu sein, wer auch immer ich will. Ich habe diese perfekte neue Wohnung, und ich habe einen Job, der mir Spaß macht, und ich bin single, mitten in Hamburg, mitten im Sommer. Und wenn ich das so aufzähle, klingt es wie ein Leben, das ich mir immer ausgemalt habe. Also warum fühlt es sich so an, als hätte ich keine Ahnung, was ich eigentlich damit machen soll?«

»Niemand weiß, was zur Hölle er macht.«

»Herzchirurgen wissen, was sie machen.«

»Wirklich? Meinst du nicht, jede Herzchirurgin da draußen war auch irgendwann mal 28 Jahre alt, wurde zum ersten Mal allein auf Patienten losgelassen und hat sich gefragt, warum zur Hölle man ihr das eigentlich zutraut?«

Ich rolle mit den Augen und lehne mich in meinem Stuhl zurück.

Auf dem Nachhauseweg denke ich über Svenjas Worte nach. Weiß wirklich niemand, was zur Hölle er eigentlich macht? Sind wir insgeheim alle gemeinsam überfordert in unseren Zwanzigern? Bin ich nicht die Einzige, die bei dem Gedanken an ihre Steuer sofort kalte Schweißausbrüche bekommt? Die die Stromrechnungen nicht versteht und ihre Wi-Fi-Rechnung immer erst so spät bezahlt, dass sie mindestens drei Tage fürchtet, jederzeit das Internet abgeschaltet zu bekommen? Gibt es dort draußen noch andere Mittzwanziger, denen das simple Abheften von Unterlagen schon das trügerische Gefühl gibt, ihre Karriere oder generell ihr Leben im Griff zu haben? Die gleichzeitig nicht einmal wissen, was Altersvorsorge wirklich bedeutet, und sich monatlich 100 Euro auf ein Sparkonto überweisen, nur um es für einen Wochenendtrip nach Kopenhagen wieder zu leeren? Die ihre Abende damit verbringen, ein Glas Wein auf der unebenen Couch neben sich zu balancieren und sich zu fragen, ob *swipe right* wirklich eine lebensverändernde Entscheidung sein kann? Oder haben alle anderen es einfach raus? Einfach irgendwann gelernt, wie man Deckenlampen installiert, was Waschmaschinen fehlt, wenn sie panisch um Hilfe piepen? Wie man ein Gehalt verhandelt, One-Night-Stands überhaupt navigiert oder welche Faktoren eine gute Krankenversicherung ausmachen?

Vor fünf Jahren hätte ich alles dafür gegeben, endlich meine eigenen Entscheidungen treffen zu dürfen, und jetzt, wo ich es kann, habe ich Angst, es falsch zu machen. Warum eigentlich? Ich habe doch längst bewiesen, dass ich bereit bin, Fehler zu machen. Ich habe mein Studium gewechselt, Beziehungen beendet, ich bin von Berlin nach Hamburg gezogen, ich habe mich mit Freundinnen zerstritten und neue gefunden. Ich habe schon so oft Outfits, Tequilashots oder eBay-Käufe bereut und sie trotzdem wiederholt. Ich habe mir nicht zum ersten Mal einen Pony geschnitten, der nicht zu meinem Gesicht passt. Und trotzdem bin ich hier. Ich habe mein Studium beendet, mich selbstständig gemacht, arbeite in der Modebranche, ich lebe in einer Großstadt. Und auf einmal wird mir klar, was für einen großen Teil meiner Träume ich trotz der vermeintlichen Fehler schon verwirklicht habe, ohne es überhaupt zu bemerken. Vielleicht müssen wir nicht jeden unserer Fehler zweimal machen (Affären mit überbewerteten Künstlern zählen definitiv dazu), aber vielleicht sind sie auch einfach ein Teil dieses Kapitels.

Mit 18 war mein Leben geplant. Ich wollte Jura studieren, später eine Kanzlei übernehmen, ich wollte eine sichere Karriere und mir die Träume für mein Privatleben aufheben. Ich habe mir nicht den geringsten Platz für andere Entscheidungen gelassen und geglaubt, ganz genau zu wissen, was passieren würde. Und es hat mich verrückt gemacht, mich eingesperrt fühlen lassen, bis ich schließlich geflohen bin. Wenn ich noch mindestens 50 Jahre meines Lebens Zeit habe, alles richtig zu machen, muss ich irgendwann herausfinden, was das für mich überhaupt bedeutet.

Die nächsten acht Jahre, die ich als Single in Hamburg verbrachte, waren die aufregendste, die wildeste, die vielleicht freiste und gleichzeitig die ungewisseste Zeit meines Lebens. Und als ich endlich begann, sie auszukosten statt abzutasten, wurde sie zu einem Teil meines Lebens, den ich um keinen Preis missen wollen würde. Ich begann, eine Kolumne über meinen Alltag zu schreiben. Darüber, wie es sich anfühlte, Stück für Stück zu sich selbst zu finden, Selbstbewusstsein zu genießen, mit jedem Date mehr darüber zu erfahren, was wir wollen. Anstatt mich verloren in der Unbeständigkeit meines Alltags zu fühlen, saugte ich all seine Chancen auf, nahm mit, was auch immer ich greifen konnte. Weil ich endlich keine Angst mehr davor hatte, wo ich landen könnte, sondern gespannt darauf war. Jede zufällige Begegnung mit einem Fremden barg das Potenzial für eine neue Verbindung, ein gutes Gespräch und eine Geschichte. Ich ließ mich von meinem eigenen Leben anstecken. Und bereute es kein einziges Mal.

Die besten Abende sind am Ende immer die, an denen du eigentlich gar nicht mehr ausgehen wolltest. Die, die zu einer späten, durchtanzten Nacht und schließlich einem frühen Morgen werden, an dem ihr barfuß, müde, manchmal ein bisschen verkatert, manchmal nicht allein, mit Stempeln auf dem Handrücken und Euphorie in jeder Faser nach Hause lauft. Und genau das sollten die Zwanziger sein.

#13

(K)ein Moment zu viel

Ich habe schon oft in meinem Leben gehört, dass ich zu viel bin – ich fühle zu viel oder rede zu viel oder gebe zu viel oder will zu viel. Ich bin zu laut, zu emotional, zu anstrengend, zu intensiv.

Und vielleicht ist das wirklich so. Vielleicht ist *intensiv* das Wort, das mich am besten beschreibt, vielleicht ist das sowohl mein stärkstes als auch mein schwächstes Feature. Vielleicht ist es das, was so viele Menschen an mir lieben und ablehnen.

Ich kann leidenschaftlich und gleichzeitig aufbrausend sein, ich brenne für meine Ideen und fege meine Hindernisse aus dem Weg. Ich spreche schnell, ich brauche viele Worte und finde sie, wenn andere noch nach ihnen suchen. Ich scheue mich nicht, meine Stimme zu nutzen. Manchmal verschlage ich anderen die Sprache. Ich verteidige genauso emotional, wie ich streite, mit mir selbst oder anderen. Ich bin genauso harsch wie verletzlich, vergebe genauso schnell, wie ich manchmal urteile. Ich bin manchmal zu ernst, manchmal zu naiv, manchmal zu losgelöst. Ich kann anstecken oder auslaugen. Ich bin nie nur ein Gefühl, habe nie nur eine Emotion, sondern meistens gerade genug oder viel zu viele. Ich will so viel mehr vom Leben, von der Liebe, von mir, von der Welt und unserer Zeit mit ihr als nur einen gewöhnlichen Dienstag.

»Sei einfach du selbst, nur eben nicht zu viel!«, hatte mir eine Freundin mal vor einem Date geraten, und ich hatte ihr geglaubt. Es führte dazu, dass ich verkrampft und verunsichert versuchte, nur ein Teil von mir zu sein, ohne überhaupt zu wissen, welchen ich wählen müsste, um anderen zu gefallen.

»Ich meine, ich mag sie, aber sie kann einfach ein bisschen zu viel sein. Man braucht immer mal wieder eine Pause von ihr«, sind Sätze, die schon einige über mich gedacht oder sogar gesagt haben und die ich dann irgendwann anfing, selbst zu glauben. Was ich schon mit 21 oder noch besser schon mit 16 hätte lesen sollen? Diese Worte der großartigen Lindsey Rush:

»She's a Bit Much«[5]

You mean like a bonus french fry in the bottom of the bag?

Like triple texting good news?

Like buying coffee for the person behind you in line? Or did you mean ›a bit much‹ like an unexpected upgrade to business class? Or theme parties. Or the band pretending to go off stage and then coming back for an unforgettable encore?

Perhaps you were referring to that thing of being astonished by a sunset or how puppies flop around when they learn to run or the way some people take karaoke really seriously?

Maybe you just meant sprinkles / confetti / balloon drops / witty comebacks / generous tips / fireworks / waterslides / serotonin / cherries on top / and the fact that maybe we were put on this planet simply to enjoy ourselves?

`Then yes, I agree - she is a bit much. Aren't we so lucky she's here?`

○

Heute denke ich:

Vielleicht habe ich zu viele Worte, darum schreibe ich Bücher.

Vielleicht bin ich zu laut, darum nutze ich meine Stimme nicht nur für mich selbst.

Vielleicht habe ich zu viele Emotionen, darum verstehe ich, wie andere sich fühlen.

Vielleicht bin ich zu leidenschaftlich – aber irgendjemand muss ja meine ganzen Träume wahr machen.

Ich bin nicht zu viel – Ich bin so vieles.

#14

Ein Moment unter Freundinnen

»Ich fühle mich wie ein absolutes Arschloch«, sagt sie und vergräbt ihr Gesicht in ihren Handflächen. »Ich meine, ich habe gelogen. Nicht geflunkert, sondern so richtig gelogen. Ich habe einfach mein Handy ausgemacht und danach behauptet, mein Akku sei leer gewesen.«

»Hmm …«, mache ich und verziehe das Gesicht. Ich weiß, dass meine Freundin Jana kein Arschloch ist. Um ehrlich zu sein, kann ich sie vielleicht sogar gerade besser verstehen als sie sich selbst.

Ich kannte Jana seit ein paar Jahren, hatte sie auf einem Job kennengelernt. Sie arbeitete als Art-Direktorin, ich als Fotografin, und auch nach dem Abschluss des Projekts trafen wir uns immer mal wieder auf ein Bier nach der Arbeit oder einen schnellen Kaffee in der Mittagspause. Jana wohnte im gleichen Viertel wie ich, nur ein paar Hundert Meter von meiner Wohnung entfernt. Das machte es einfach, sich spontan zu treffen, sich immer wieder über den Weg zu laufen und aus einer Bekanntschaft eine Freundschaft zu machen.

Irgendwann nahm sie mich mit auf eine Geburtstagsfeier in ihrer Agentur, stellte mir ihre Freundin Svenja vor, holte eine Flasche Wein aus dem Kühlschrank, die wir zu dritt auf einer Bank, ein bisschen abseits der Party, tranken, und besiegelte damit den Anfang einer wirklich guten Freundschaft. Wir waren alle single, wir waren alle Mitte zwanzig und wuchsen in den nächsten Monaten und Jahren zu einer kleinen Gang zusammen. Wir feierten gemeinsam, wir tinderten gemeinsam, teilten uns das Verlieben genauso wie die Verwirrung, die ersten oder letzten Dates. Unser Gruppenchat war eine bunte Sammlung all unserer Erfahrungen, wie ein Album voller Momentaufnahmen, den guten, den schlechten, den verschwommenen.

Dann verliebte Svenja sich, dieses Mal wirklich, sagte sie. Das war jetzt ein paar Monate her – und nicht gut ausgegangen. Nach ein paar Wochen, in denen sie gemeinsam spontan nach Prag flogen, auf dem Hausboot seiner Freunde ein Wochenende auf der Elbe verbrachten, er ihre und sie seine Freunde kennenlernte, nach dem Dockville-Festival, einem perfekten Sommer in Hamburg war auf einmal Schluss. Und Svenja seitdem untröstlich.

Immer wieder füllten wir unsere Abende damit, Screenshots zu analysieren, sein Verhalten zu erklären und uns Antworten auf all die Fragen auszudenken, die Ole offengelassen hatte.

Die bittere Wahrheit, die meine Freundin längst kannte, war die: Du kannst dir den Schmerz nicht weg- und keinen Menschen wieder zurückerklären. Manchmal wird es leichter, wenn du es besser verstehst, aber manchmal kannst du nicht verstehen, wieso sich der eine so sehr und der andere nicht genug verliebt. Vielleicht ist es sogar das, was am meisten wehtut.

Irgendwann gingen uns die Antworten aus, irgendwann war es Zeit, loszulassen – und genau in diesem Moment traf Svenja Ole wieder. Besser gesagt: Sie sah ihn, als die U-Bahn losfuhr, die er und seine Freunde um Sekunden verpassten. Svenja saß darin, Ole zog für ein paar Sekunden an ihr vorbei. Das reichte, um sie vollkommen aus der Fassung zu bringen.

Sie rief Jana an, wusste, dass sie noch wach sein musste, wollte sie auf einen Drink treffen, wollte reden, nicht allein sein. Jana stand in diesem Moment vor einer Bar auf St. Pauli und küsste ihr Date. Sie schlug vor, Svenja am nächsten Morgen zum Frühstück zu treffen, flunkerte, dass sie schon auf dem Heimweg sei. Tatsächlich nahm sie eine halbe Stunde später die Bahn zurück nach Eimsbüttel, in Begleitung.

Am nächsten Morgen tippte sie eine Nachricht an Svenja, sagte das Frühstück ab, erklärte es mit einem Kater und Kopfschmerzen. Nicht unbedingt gelogen, aber auch nicht wirklich der Grund. Danach machte sie ihr Handy aus und kuschelte sich zurück an den Mann, der da gerade noch neben ihr schlief. Die beiden verbrachten den Sonntag zusammen, aßen Pancakes im Bett, schauten Serien, beschlossen, dass sie noch so viel mehr voneinander wissen wollten – und verabredeten sich bei der Verabschiedung zum vierten Date.

»Ich habe meine Freundin für einen Typen versetzt. Ich hab sie sogar angelogen, und ich weiß genau, dass sie es ahnt oder längst weiß, denn seit ich ihr gestern Abend meine Entschuldigung getippt habe, habe ich kein Wort von ihr gehört. Und weißt du, was das Schlimmste ist?«

Ich schüttle den Kopf und warte ab, dass sie weiterspricht.

»Wenn ich ganz ehrlich bin, will ich es nicht einmal ungeschehen machen. Ich meine, ich will für Svenja da sein, und sie ist meine Freundin, und ich finde es schrecklich, sie so traurig zu sehen. Aber ich mag Jannis. Ich mag ihn sogar sehr. Und ich hab seine Nähe so genossen, ich hab die Zeit mit ihm so genossen und wollte ihn am nächsten Morgen nicht einfach vor die Tür setzen, nur weil …« Sie stockt, sieht mich an.

»Nur weil Ole für einen Moment vor Svenja aufgetaucht ist? Sie vermutlich nicht einmal gesehen hat?«, frage ich.

Sie nickt. »Ich will für meine Freundin da sein, will ihr nicht vorschreiben, wie schnell sie ihre Gefühle wieder verpacken und verstauen muss. Es steht mir nicht zu, darüber zu urteilen, ob sie schon zu lange zu traurig ist. Ich will sie nicht drängen, und ich würde mir doch auch wünschen, dass meine Freundinnen bedingungslos für mich da sind, oder? Aber dann erwische ich mich dabei, wie ich es doch tue, wie ich doch beurteile, ob ihr Schmerz gerade groß genug ist, damit ich meine eigenen Bedürfnisse zurückstecke und für sie da bin. Und was mich am meisten nervt, ist, dass ich nicht einmal ehrlich war. Ich hätte ihr auch einfach sagen können, dass ich verabredet bin. Aber dann könnte ich ihr genauso gut direkt sagen, dass ich ihren Kummer gerade nicht ernst genug nehme. Und hätte sie genauso verletzt.«

Ich nicke. »Das hätte es – natürlich. Ole hat sie gerade abgelehnt, sie ist verletzt und verunsichert. Und jetzt lehnt auch noch ihre Freundin sie ab? Für irgendeinen anderen Typen?«

Sie schluckt schwer. »Siehst du. Ich bin ein Arschloch.«

»Nein. Denn das ist nur ihre Sicht auf die Dinge. Es ist okay, dass deine vielleicht anders ist. Du warst jeden Tag für deine Freundin da, hast jede Voice Note angehört, jede Nachricht beantwortet, du hast sie umarmt, ihre Tränen getrocknet. Du bist geduldig, du bist rücksichtsvoll, hättest vielleicht in den letzten Tagen gern so viel mehr von Jannis erzählt, mehr gepostet, mehr geschwärmt, aber dich zurückgehalten. Dann hattest du ein Date, das du genießen wolltest. Und hast deine Freundin versetzt. Und sie angelogen. Und dich dabei mies gefühlt. Aber gleichzeitig gewusst, dass die Wahrheit sie vielleicht sogar nur noch mehr verletzt.«

»Es läuft darauf hinaus, dass ich meine Freundin für einen Typen versetzt und angelogen habe.«

»Ist er denn wirklich nur *ein* Typ?«, frage ich, und als sie breit zu grinsen beginnt, müssen wir beide lachen.

»Nein, er ist ehrlich gesagt ziemlich toll.«

»Hab ich mir gedacht.«

Ich drücke ihre Hand und halte sie fest. »Allein, dass du dir so viele Gedanken machst, sagt doch schon, dass du kein Arschloch bist. Ehrlich gesagt bist du nicht einmal allein. Du hast nichts gemacht, was nicht jede andere Frau auch schon einmal gemacht hat. Sind wir doch mal ehrlich: Wir alle haben schon mal eine Freundin versetzt und einen Grund vorgeschoben. Wir alle sind schon einmal einem unangenehmen Gespräch mit einer Notlüge aus dem Weg gegangen. Wir alle waren schon einmal so verknallt, dass wir lieber den Sonntag im Bett verbracht haben und den Brunch mit Freunden verschoben oder sogar ganz haben ausfallen lassen.«

»Aber ist das wirklich das Gleiche? Flunkern und mal einen Brunch verpassen – und deine Freundin, der gerade das Herz gebrochen wurde, absichtlich belügen? Ich meine, jede von uns würde sofort zustimmen und behaupten, dass unsere Freunde immer wichtiger sind als irgendwelche Dates. Wir alle sagen und fordern immer wieder, dass Frauen einander supporten sollten. Aber wie ehrlich und wie fair sind wir denn wirklich in der Praxis? Das, was mein Gewissen so belastet, ist nicht nur, dass ich mich schäme und mich so mies fühle, Svenja einfach versetzt zu haben. Sondern dass ich gleichzeitig weiß, dass ich, wenn ich die Zeit zurückdrehen würde, mich trotzdem wieder für Jannis entscheiden würde.« Sie zuckt mit den Schultern und lässt den Kopf hängen. »Es ist ein beschissenes Gefühl, wenn du merkst, dass du von anderen Frauen und dir selbst erwartest, dass du dich immer für deine Freundin entscheiden würdest, und dann im ersten Moment, in dem du dich beweisen musst, feststellst, dass du deine eigenen Erwartungen nicht erfüllen kannst – oder noch härter gesagt: willst …«

»Und wie würde sich Svenja entscheiden?«, unterbreche ich sie.

»Was meinst du?«

»Wenn du Jannis am frühen Morgen verabschiedet hättest, wenn du euer Date beendet hättest, um Svenja zu treffen, um ihr zuzuhören. Und sie auf dem Weg eine Nachricht von Ole bekommen hätte. Wenn er sie gebeten hätte, einen Kaffee mit ihm trinken zu gehen. Was meinst du, wie hätte sie sich entschieden?«

»Ich weiß nicht, ob man das vergleichen kann.«

»Warum nicht?«

»Wenn Ole sich bei Svenja meldet, dann ist das für sie vielleicht das Schönste und Wichtigste, was in den letzten acht Wochen passiert ist.«

»Und der Morgen mit Jannis? Der war nicht schön? Nicht wichtig? Nicht vielleicht der Moment, in dem ihr beide festgestellt habt, dass aus euch ein bisschen mehr als ein One-Night-Stand werden könnte?«

»Svenja wäre ehrlich gewesen.«

»Svenja vermutet ja auch nicht, dass es dich verletzen könnte, wenn sie dir kurzfristig absagt. Sie hat keine Ahnung, dass du ein Opfer für sie gebracht hättest. Für sie ist Jannis im Moment einfach nur irgendein Typ.«

»Okay, okay du bist engagiert, falls ich jemals einen Anwalt brauche«, sagt sie lachend und hebt die Hände.

»Was ich meine, ist einfach: Die wenigsten Menschen wären so ehrlich zu sich selbst, wie du es gerade bist. Du bist keine schlechte Freundin. Du bist kein Arschloch, und du verrätst auch nicht deine Loyalität zu uns oder Svenja, weil du dich heute für dich entschieden hast. Einander zu unterstützen und fair miteinander zu sein, ist keine Einbahnstraße. Das heißt nicht, dass nur eine Freundin, die immer verfügbar ist, immer zuhört, immer zustimmt, immer versteht, immer bedingungslos unterstützt, eine gute Freundin ist. Eine gute Freundin ist auch diejenige, die Fehler macht und verzeiht. Die anderen Frauen ihren eigenen Raum lässt, die bereit ist, die Dinge aus mindestens zwei Richtungen zu betrachten, die versteht, dass wir uns genauso gut um uns selbst kümmern sollten wie um unsere Freundinnen. Ich glaube, es fällt so vielen Frauen noch immer schwer, diese absurde Vorstellung abzuschütteln, die uns nicht zuletzt die RomComs der 2000er vorgelebt haben, dass die besten Freundinnen immer die sind, die den *female main character* von allen Seiten und zu jeder Zeit supporten, pushen, auffangen, aufmuntern oder beraten. Als wären Freunde nur dafür da, um den Plot einer Einzelnen voranzutreiben, ein bisschen Textur hinzuzufügen, die richtigen Fragen zu stellen oder eine schlagfertige Antwort zu finden. Der *main character* darf Fehler machen, darf sich irren, darf ausbrechen, darf sich entschuldigen, sich entwickeln, während er von loyalen Freunden umgeben ist. Die Sache ist nur die: Jede von uns sollte ihr eigener *main character* sein dürfen – und dabei trotzdem die Eigenschaften einer besten Freundin in sich tragen. Jede von uns hat so viele Facetten und Wünsche, Ängste und einfach Bedürfnisse. Wir können unmöglich jederzeit unsere und die der anderen erfüllen, dabei nie Fehler machen und trotzdem wir selbst sein. Und wir müssen es auch gar nicht.«

Jetzt ist es Jana, die meine Hand drückt.

»Danke – für das hier, für alle deine Worte. Sieht ganz so aus, als hätte ich einen Reminder gebraucht.« Ich lächle sie an. Einen Moment lang schweigen wir, dann seufzt sie und nimmt ihr Handy in die Hand.

»Nur, was sag ich jetzt zu Svenja?«

»Das, was du fühlst. Manchmal braucht es gar keine große Erklärung.«

- Es tut mir leid, dass ich gestern nicht für dich da war. Wollen wir heute Abend einfach ein Glas Wein bei mir trinken?

- Gern <3

#15

Ein Moment, in dem wir einfrieren

Es war eine dieser typischen Agenturpartys mit viel Gelächter, Gläserklirren, ein paar unbeholfenen Tanzbewegungen und zu vielen Shots, die in der Nähe der improvisierten Bar in die Runde verteilt wurden. Heute Morgen erst hatten das Strategie- und Kreations-Team einen Pitch gewonnen, dessen Druck allen hier wochenlang im Nacken gesessen hatte. Ein neuer, internationaler Kunde, ein sechsstelliges Budget – ein richtig guter Grund, diesen Freitag zu einer spontanen Party zu machen, ein bisschen Dampf abzulassen, einfach mal kurz den Erfolg zu feiern. »Wir sind auf dem Dach! Komm einfach hoch, du findest uns da alle irgendwo!«, hatte Henrik mir geschrieben. Ich hatte als Freelancerin die Kreation in den letzten Wochen unterstützt und heute Nachmittag das Angebot bekommen, auch in den kommenden Monaten Teil des Teams zu bleiben.

Als ich mich durch die Menge bewege, entdecke ich Helen, die in der Mitte der improvisierten Tanzfläche steht. Als ich mich ihr nähere, bemerke ich ihren Kollegen Stefan, der sie in ein Gespräch verwickelt. Er greift nach ihrer Taille, sie lacht, bewegt sich ein Stück von ihm weg, er rückt noch einmal näher, vermutlich, um die Lautstärke zu überwinden. Wieder lächelt sie ihn an. Zunächst scheint es harmlos, sieht fast wie ein kurzer Flirt unter Kollegen aus. Doch als ich näher komme, ändert sich die Atmosphäre auf subtile Weise.

Die Helen, die ich kennengelernt habe, kann einen ganzen Raum mit Energie füllen, wenn sie ihn nur betritt. Es ist einfach, sich in ihrer Nähe wohlzufühlen. Sie ist die Art Mensch, mit der du den ganzen Tag lang Ideen diskutierst, intensiv an Projekten arbeitest und am Abend trotzdem noch ein Bier trinken gehst. Ich mag ihr Temperament, ihre vielen Ideen, ich mag, wie aufgeschlossen und unbefangen sie ist. Heute scheint irgendetwas anders. Ihr Lächeln wirkt gezwungen, ihr Blick weicht Stefans immer wieder aus, ihre Schultern spannen sich an, sie wirkt steif, irgendwie unbehaglich. Er legt seine Hand wieder auf ihre Hüfte, lässt sie zu ihrem Po gleiten, raunt ihr etwas ins Ohr. Helen erstarrt unter seinen Berührungen, scheinbar unfähig, zu reagieren, unfähig, sich aus der unangenehmen Situation zu befreien.

»Hi!«, sage ich laut, um die Aufmerksamkeit auf mich zu ziehen. Ich umarme Helen fest, greife dann nach ihrer Hand. »Es hat mich eine halbe Ewigkeit gekostet, dich zu finden.« Ich sehe sie einen Moment lang an, bis ich sicher bin, dass sie verstanden hat.

Sie blinzelt, als würde sie aus ihrer Benommenheit erwachen, und antwortet dann: »O Gott, ja! Die halbe Agentur ist hier oben! Ich hab das Dach noch nie so voller Menschen gesehen!« Sie drückt meine Hand, und ich wende mich an Stefan, beginne ein lockeres Gespräch, um seine Aufmerksamkeit von Helen abzulenken. Ich gratuliere ihm zum gewonnenen Pitch, wir tauschen ein paar Details aus, bevor ich das Gespräch ganz natürlich beende.

»Ich muss Helen leider einmal kurz entführen! Ich hab mit ihr noch gar nicht auf meine Vertragsverlängerung angestoßen«, sage ich, dann drücke ich kurz seine Schulter. »Hab noch einen guten Abend!«

Es ist ein einstudiertes Rettungsmanöver unter Frauen. Manchmal bin ich mir nicht sicher, ob es wichtig oder traurig ist, dass jede von uns es kennen und beherrschen sollte.

Als wir uns ein paar Schritte von ihm entfernen, merke ich, wie Helen sich entspannt, tief ausatmet. »Was für ein Arschloch«, sage ich und breche die Stille zwischen uns.

Helen nickt. »Danke«, sagt sie beinahe tonlos und legt dann beide Hände auf ihr Gesicht. »Ich komme mir gerade sehr dumm vor. Ich weiß auch nicht, wieso ich das nicht selbst regeln konnte. Du denkst immer, du weißt genau, was du sagen und wie du reagieren wirst, wenn dir irgendein Idiot zu nahe kommt. Aber es war auf einmal, als wäre ich …«

»… eingefroren«, beende ich ihren Satz, und sie nickt.

Freezing ist eine häufige Reaktion, die viele Menschen erleben, wenn sie sexueller Belästigung ausgesetzt sind, sich überwältigt, bedroht oder unwohl fühlen. Anstatt sofort zu reagieren, die Person wegzustoßen, laut zu werden, sich zu verteidigen oder auch nur die Situation zu verlassen, fühlen sie sich gelähmt oder »erstarren«. Es ist, als würden sich Körper und Geist vor Schock oder Überwältigung vorübergehend abschalten.

Manchmal ist Freezing ein Automatismus, um sich vermeintlich selbst zu schützen. Gerade Frauen, die sich Männern körperlich und oftmals auch im Job unterlegen fühlen, glauben, eine Situation zu deeskalieren, indem sie den Belästiger nicht weiter provozieren. Es kann auch an vergangenen traumatischen Erfahrungen liegen, die es schwierig machen, in diesem Moment selbstbewusst zu reagieren.

»Er ist mir den halben Abend nicht von der Seite gewichen und hat mir immer wieder zugeraunt, wie er das ›eigentlich nicht sagen‹ dürfe, aber mich so unglaublich attraktiv finde. Und ob er überhaupt jemals bei einer Frau wie mir eine Chance hätte. Ich hab versucht, mich irgendwie aus der Situation herauszuziehen, aber dann ist er nur noch aufdringlicher geworden. Den Rest hast du ja selbst gesehen.«

»Ist es das erste Mal, dass dir das passiert ist?«, frage ich sie. Wir setzen uns auf die Begrenzungsmauer, ein bisschen abseits der Party. Ich schenke uns ein Glas Wein ein.

»Ich wünschte …« Helen zuckt mit den Schultern. »Ich glaube, wenn du die Frauen hier im Raum fragst, ist es für keine von uns das erste Mal, wenn wir ehrlich sind. Du weißt schon: die ungewollte Hand auf deinem Hintern, der betrunkene Typ, der dich unerlaubt zu küssen versucht, natürlich nur aus Spaß. Der andere betrunkene Typ, der ›nicht anders kann‹, als dir zu sagen, wie geil er dich findet und dass er nicht aufhören kann, auf deine Brüste zu starren. Nur, wenn wir wirklich ehrlich sein wollen, zählt das als sexuelle Belästigung. Die meiste Zeit ist es etwas, das wir abschütteln sollten, weil jede Reaktion darauf angeblich reine Energieverschwendung ist.« Helen beginnt, sich in Rage zu reden, als hätte die Wut, die eben noch in ihr erstarrt war, endlich einen Weg an die Oberfläche gefunden. »Ich bin so wütend auf mich selbst. Wäre das hier der Kiez – ich hätte vollkommen anders reagiert. Aber das hier ist meine Arbeit und Stefan theoretisch ein Vorgesetzter.«

»Nicht nur theoretisch«, unterbreche ich sie.

»Was es nur noch unangenehmer und komplizierter macht! Ich sehe ihn in Meetings, er bewertet meine Performance, sitzt in den Beförderungsgesprächen. Und glaub mir, ich hasse mich dafür, dass ich das überhaupt nur denke, aber ein Teil von mir wollte einfach nur kein Drama, kein Aufsehen, die Situation einfach vergessen und ihm von nun an aus dem Weg gehen.«

»Helen, du kannst das nicht einfach ignorieren! Es ist nicht okay!«

»Ich weiß. Und trotzdem: Was genau, denkst du, passiert, wenn ich am Montag zum Personalrat gehe? Ein Gespräch. Okay. Und dann ein Gespräch mit ihm. Und natürlich wird er es herunterspielen, wird es zu einem Missverständnis erklären, und selbst wenn das nicht funktioniert, wird er es mit einem Drink zu viel rechtfertigen. Er wird dann gebeten, sich bei mir zu entschuldigen. Das ist auch schon die strengste Maßnahme. Vielleicht tut er es sogar, aber vermutlich nicht ohne mir zu sagen, dass er enttäuscht darüber ist, dass ich diese ›Sache‹ nicht einfach persönlich mit ihm geklärt habe. Dass er es schade findet, dass er ja nicht ahnen konnte, dass es mir unangenehm ist und ich so empfindlich bin. Der Typ macht das doch nicht zum ersten Mal.« Ihre Stimme klingt schwer vor lauter Frust. »Das Ergebnis? Er geht mir im besten Fall zumindest aus dem Weg, aber ich muss trotzdem weiterhin unter seinem gekränkten Ego arbeiten. Muss damit rechnen, dass er mir den Arbeitsalltag unbequem macht und mich auf ganz legale Weise von den spannenden Projekten abzieht und mir damit den Weg zur Art-Direktion verbaut. Allein nur darüber zu reden, fühlt sich schon so unendlich ermüdend an. Ich kann es entweder ignorieren und einen miesen Typen davonkommen lassen, oder ich melde es, und er kommt trotzdem davon, und ich mache es mir vielleicht noch schwerer.«

»Oder du meldest es, es wird diskutiert, und es schafft Aufmerksamkeit. Und sorgt dafür, dass eine andere Frau sich dadurch gestärkt fühlt, weniger allein und sich in der Zukunft ebenso traut, ihre Situation zu melden.«

»Ich kann mir nur zu gut vorstellen, wie das kommentiert wird: Seit wann sind Frauen eigentlich so empfindlich, seit wann darf man als Mann gefühlt nicht einmal mehr mit seiner Kollegin sprechen? Was für ein absurder Zufall, dass all diese Frauen sich auf einmal zusammenrotten und die gleiche Geschichte erlebt haben wollen?«

»Denk nicht an Stefan oder irgendwelche sexistischen Reaktionen. Mach ihn nicht zum Fokus. Denk daran, dass wir es uns als Frauen schuldig sind, diese Arschlöcher nicht jedes einzelne Mal schulterzuckend davonkommen zu lassen, nur weil wir Angst davor haben, als dramatisch abgestempelt zu werden. Es ist nicht dramatisch, sich darüber zu beschweren, dass dein Chef dir ungefragt vor all deinen Kollegen an den Hintern greift. Es ist fucking sexuelle Belästigung.«

»Meine einzige Chance wäre eine richtige Reaktion genau in dem Moment gewesen, in dem es passiert ist. Ich hätte ihm die Grenze aufzeigen müssen. Ich –«

»Du musst einen Mann nicht daran erinnern, dass es eine Grenzüberschreitung ist, einer Frau ungefragt so nahe zu kommen. Er weiß das. Er hat nicht nach ein paar Bier vergessen, dass er seine jüngere Kollegin nicht bedrängen darf.«

»Ich weiß doch. Aber es geht um meine Reaktion, um das, was er und andere von mir sehen, verstehst du? Wenn ich ihn an Ort und Stelle zur Rede gestellt und ganz klar beim ersten Versuch abgewiesen hätte, wäre die Situation ganz anders. Jetzt sieht es so aus, als hätte ich ihn einfach gewähren lassen, als hätte er ja gar nicht wissen können, dass ich nicht einverstanden bin. Ugh, ich bin so wütend auf mich selbst, dass ich zu feige war.«

»Hey!« Ich fasse nach ihrer Hand und halte sie fest. »Du bist nicht feige, und es gibt in diesen Fällen keine richtige Reaktion. Ob dich jemand sexuell belästigt, hat nichts mit deiner Reaktion zu tun. Nur weil du nicht schreist, dich nicht wehrst, ihn nicht an Ort und Stelle zur Rede stellst, ist es nicht auf einmal okay. Nur, weil du nicht so reagierst, wie man es von dir erwarten würde, ist es nicht weniger schlimm!«

Freezing ist keine Entscheidung, sondern eine tief verwurzelte Reaktion, ein Überlebensmechanismus. Es ist der Moment, in dem unser Gehirn rast und versucht, das Geschehene zu verarbeiten. Es ist der Moment, in dem wir uns eine Zehntelsekunde lang fragen, ob es unsere Schuld war, ob wir es irgendwie heraufbeschworen haben. Es ist das beklemmende Gefühl, in der eigenen Haut gefangen zu sein, in Angst, Scham, Wut und Verwirrung. Für viele von uns bedeutet Freezing: Schweigen. Wir schreien nicht und stoßen den Täter nicht weg. Wir zeigen ihn nicht sofort an oder sprechen ihn nicht an. Wir behalten das Geschehene für uns, nehmen es mit nach Hause, können es nicht abschütteln, nur irgendwann besser ignorieren. Wir ignorieren den Schmerz, leben die Wut nur in unserem Innersten aus und geben uns die Schuld dafür, dass wir nicht anders reagiert haben. Es ist wichtig, uns immer wieder daran zu erinnern, dass Erstarren eine natürliche Reaktion und keine Schwäche ist. Sexuelle Belästigung wird nicht an der Reaktion eines Opfers erkannt - sondern am Handeln des Täters.

»Willst du zurück zur Party?«, frage ich Helen nach einer langen Pause.

»Hmm, ich weiß nicht. Irgendwie ist mir die Lust vergangen. Und ich hab keine Energie, mich mit Stefan und dieser ganzen Situation auseinanderzusetzen. Ich glaub, ich ruf mir einfach ein Taxi, bestell mir 'ne Pizza und vergesse diesen ganzen Tag einfach.«

»Versprich mir, dass du wenigstens darüber nachdenkst, ihn zu melden?«

Sie nickt, und wir umarmen uns. Ein paar Minuten später bringe ich sie noch zum Taxi, bevor ich zurück aufs Dach steige. Ich nehme mir gerade ein Bier, als Henrik mit Stefan im Schlepptau neben mir auftaucht. »Lina! Wo warst du denn die ganze Zeit?! Ich hab Stefan gerade erzählt, dass du noch ein paar Monate Teil unseres Teams bleibst! Darauf müssen wir anstoßen! Komm!« Henrik greift nach einer Handvoll Schnapsgläsern. »Wie viele brauchen wir? Du, ich, Stefan, wo ist Helen?«

»Ist nach Hause gefahren«, antworte ich knapp.

»Was? Nein! Warum das denn?«, ruft Henrik. Er ist zu betrunken, um den kurzen Blickkontakt zwischen Stefan und mir auch nur zu bemerken.

»Ich glaub, die war einfach müde.«

»Ich ruf sie jetzt an!«

»Lass gut sein, sie ist bestimmt schon vor ihrer Haustür«, versuche ich es noch einmal, aber wieder mischt sich Stefan ein.

»Unfassbar! Nicht gerade gut fürs Teambuilding, einfach so von der besten Party des Quartals abzuhauen«, raunt er uns lachend zu. Henrik lacht mit ihm, ich nicht. »Na ja, ich werde sie mir am Montag mal vorknöpfen!«

»Komm, lass uns anstoßen und ein Foto machen und ihr schicken!« Henrik will mir einen Schnaps reichen, aber ich lehne ab.

»Jetzt sei nicht so langweilig«, ruft Stefan und hält mir den Shot wieder vors Gesicht. Ich ignoriere ihn. Henrik reckt seinen Arm vor unsere Gesichter und schiebt mich zwischen sich und Stefan. Ich ducke mich aus dem Frame heraus, aber Stefan versucht, mich festzuhalten.

»Ich hab keine Lust auf ein Foto!«, sage ich.

»Komm ran jetzt!«, raunt er und will mich zu sich ziehen, aber ich winde meinen Arm aus seinem Griff. »Was ist denn heute mit den Mädels los? Meine Güte, seid ihr alle unentspannt!«

»Wenn du unsere Grenzen respektieren würdest, fändest du uns vermutlich sogar ziemlich entspannt vor!«, entgegne ich wütend und will mich gerade auf dem Absatz umdrehen, als er mir den Weg versperrt.

»Hast du irgendein Problem mit mir?«

»Wo soll ich anfangen?«, antworte ich und schiebe mich an ihm vorbei.

Ich wünschte, ich könnte ihn konfrontieren, ihn hier und jetzt auf diesem Dach als das Arschloch bloßstellen, das er ist. Aber ich respektiere Helens Privatsphäre und ihr Recht, sich Gedanken darüber zu machen, wie viel von dieser Situation sie mit anderen Menschen teilen will.

Zwei Tage später erreicht eine Beschwerde den Personalrat. Ich habe sie nicht geschickt, genauso wenig Helen. Nico, ein Kollege, hat die Situation zwischen Helen und Stefan beobachtet und als sexuelle Belästigung eingestuft. Er ist diskret genug, um Helen nicht namentlich in seiner Beschwerde zu nennen, schreibt ihr aber eine Mail und bietet ihr seine volle Unterstützung an, sollte sie sich dafür entscheiden, mit dem Personalrat sprechen zu wollen. Sie traut sich. Und Stefan wird vorgeladen.

Eine Woche später verkündet er seinen Abschied aus der Agentur. Offenbar hat er schon vor Wochen ein Angebot einer

Londoner Agentur auf dem Tisch gehabt. Sein gewonnener Pitch war das letzte fehlende Puzzleteil in der Gehaltsverhandlung. Er wird mit sofortiger Wirkung freigestellt.

»Ich kann nicht glauben, dass das Arschloch einfach so davonkommt«, sage ich, als wir in der Mittagspause die Neuigkeiten diskutieren.

Helen lächelt mich an. »Konzentrier dich nicht auf Stefan, mach ihn nicht zum Fokus. Zwei andere Menschen, du und Nico, haben auf mich aufgepasst, fair und aufmerksam reagiert, als ich es nicht konnte. Das ist es, was ich mitnehme. Das ist es, was hängen bleibt. Das Gefühl, es nicht falsch verstanden, nicht falsch reagiert zu haben. Das bedeutet so viel mehr.«

#16

Ein Moment in Mexiko

Es war eine Verkettung unglücklicher Ereignisse.

Erst eine App, die immer wieder abstürzte und einfach keinen Boarding Pass produzieren konnte, dann ein System, das einen Ausdruck meiner Unterlagen immer wieder verhinderte, eine überladene Startbahn, dann gussartiger Regen, der ein Abheben immer wieder unmöglich machte. Mit gut 90 Minuten Verspätung ließen wir Tulum, eine Stadt am östlichen Zipfel Mexikos, hinter uns. Viel zu spät, vielleicht sogar so spät, dass ich meinen Anschlussflug in Mexiko-Stadt, der mich über Frankfurt endlich zurück nach Hamburg bringen sollte, nicht kriegen würde. Bis zu diesem Zeitpunkt hatte ich noch nie einen Flug verpasst. Ich war schon unzählige Male nur mit einem letzten Sprint noch in den Tunnel oder Bus gekommen, hatte nur Sekunden, nachdem ich es durch die Tür geschafft hatte, die Worte »Boarding completed!« gehört. Ich war schon oft für Stunden gestrandet, ich hatte mehr Zeit in Telefonwarteschleifen der diversen Fluglinien verbracht, als mir generell guttun würde (mittlerweile bekam ich von der Warteschleife der Lufthansa direkt PTBS).

Ich hatte schon oft umplanen oder umbuchen, nach meinem Gepäck suchen oder für einige Tage ganz darauf verzichten müssen – aber noch nie in den letzten sechs Jahren, in denen ich als Reisejournalistin und freie Fotografin gearbeitet hatte, hatte ich einen Flug nicht erwischt, und es gab in diesem Moment eine Vielzahl an Gründen, warum ich nicht ausgerechnet in Mexiko damit anfangen wollte: Die Batterie meines iPhones zeigte gerade noch 18 % an, meine Powerbank hatte schon an Tag drei dieser Reise aufgegeben. Ich sprach keinerlei Spanisch, was sich als riesiger Nachteil erwiesen hatte, und generell war mein Trip nach Tulum von so vielen Pannen, Stürmen und Regengüssen geprägt gewesen, dass ich beinahe froh war, dass mein Solotrip nach Mexiko nun nach einer langen Nacht über dem Atlantik wieder in Deutschland enden würde.

Nicht, dass ich die Zeit in Mexiko nicht genossen hätte. Die ersten sechs Tage hatte ich in der Gegend um Guanajuato verbracht, gemeinsam mit anderen Redakteuren die Mitte des Landes bereist, mich durch die Küche gekostet, mexikanischen Wein kennengelernt und so viele neue Eindrücke gesammelt. Erst danach war ich, während der Rest der Gruppe den Rückflug angetreten hatte, nach Tulum weitergereist und nach dem Hype um dieses Stück Mexikos eher enttäuscht gewesen. Für mich hatte sich Tulum wie ein erweitertes Amerika angefühlt. Vermutlich war ich einfach nur in den falschen Ecken gelandet, vielleicht hatte es auch an meinem Pech mit dem Wetter und den entmutigenden vier Tagen gelegen. Vielleicht hatte der klassische Fehlstart mit einem der angeblich schönsten Orte der Welt auch einfach schon damit begonnen, dass meine Kollegin Meike, die den angehängten Trip nach Tulum vorgeschlagen und geplant hatte, nur ein paar Tage vor der Reise abgesprungen war.

Ich war müde und erschöpft von den ständigen Sprachbarrieren, dem Wetterchaos und den elendigen Verzögerungen dieses Abreisetages. Ich würde irgendwann wiederkommen. Ich würde einen zweiten Anlauf nehmen, beim nächsten Mal vielleicht mit Freunden und dem Rucksack mehr von Mexiko sehen. Selbst Tulum würde ich eine zweite Chance geben, mich einfach besser vorbereiten, mir vorher die Zeit nehmen, nach ein paar versteckten Juwelen zu suchen, und die ausgetretenen Pfade Instagrams dabei einfach ignorieren. Aber jetzt gerade – wollte ich einfach nur nach Hause.

○

»… *we apologise for the inconvenience!*« Mit einem Knistern schaltet sich der Lautsprecher wieder ab. Seit gut 30 Minuten stehen wir in Halteposition auf dem Rollfeld in Mexiko-Stadt. Aufgrund unserer Verspätung ist unser Gate neu vergeben worden, dabei hat man es allerdings versäumt, uns ein Ausweichgate zuzuweisen. Ein paar Passagiere kommentieren die Ansage mit einem ungeduldigen Murren, die meisten nehmen die Information stoisch auf. Mit einer Verspätung von mittlerweile 120 Minuten bekommt ein Großteil von uns seine Anschlussflüge schon längst nicht mehr – ganz egal, wann die Türen aufgehen. Für mich ist es theoretisch noch möglich. Mein Boarding startet in 30 Minuten. Wenn ich es in den nächsten 10 oder 15 Minuten hier raus schaffe, habe ich zumindest eine Chance. Mein Boardingpass für meinen Anschlussflug mit der Lufthansa liegt am Gate, mein Gepäck konnte durchgecheckt werden, alles, was fehlt, bin ich.

»Wohin fliegen Sie?«, fragt mich mein Sitznachbar, der sich als Miquel vorgestellt und offenbar bemerkt hat, dass ich beinahe minütlich auf die Uhr und dann immer wieder aus dem kleinen Fenster neben mir schaue.

»Nach Frankfurt, wenn ich es überhaupt noch schaffe«, antworte ich und zucke mit den Achseln.

»Wissen Sie, an welches Gate Sie müssen und wie Sie dahin

kommen?«, fragt er nach, und ich zeige ihm kopfschüttelnd die Flugdaten auf meinem Handy. »Okay. Das ist eigentlich ganz einfach: Sie müssen nur einmal die Ebene wechseln, also eine Treppe nach unten, sobald sie im Transferbereich sind. Dann immer den Schildern folgen. Es geht eigentlich beinahe die ganze Zeit geradeaus. Merken Sie sich einfach: Treppe runter und dann loslaufen!«

»Danke schön!, sage ich und lächle ihn an. »Fliegen Sie oft über Mexiko-Stadt?«

Er winkt ab: »Oft? Ständig! Ich bin das gewohnt: die Verspätungen, den Trubel, die vielen Menschen, die hier jeden Tag wie Ameisen über all diese Tausenden Quadratmeter gejagt werden. Es ist ein Chaos, dessen fragiles System die wenigsten kennen und durch das wir doch alle müssen. Und manchmal grenzt es fast schon an einen glücklichen Zufall, dass wir doch immer alle irgendwie ankommen.«

Als ich eine halbe Stunde später meine Tasche schultere und Meter für Meter Slalom um Kleinfamilien, Reisegruppen, Vielflieger und Kofferwagen laufe, wünsche ich mir, dass er recht behält. Ein glücklicher Zufall, eine Verspätung bei meinem Anschlussflug, ein Problem bei der Gepäckverladung, selbst ein technischer Defekt und damit noch weitere Verspätungen bis tief in die Nacht – beinahe alles wäre mir recht, wenn ich es nur noch rechtzeitig zur Maschine schaffe. Mein Flug boardet längst, an einer der Tafeln habe ich aus dem Augenwinkel die Leuchtbuchstaben erkannt, ohne sie überhaupt lesen zu müssen. In der Praxis heißt das bei einem Langstreckenflug dieser Größe vielleicht noch 20 oder 30 Minuten, bis der letzte Passagier eingestiegen ist. Ob man danach noch einzelne Gäste ausruft oder das Gate schließt, liegt in der Entscheidungsgewalt der Crew.

Anhand der Schilder arbeite ich mich Stück für Stück vor, suche auf ihnen hastig nach irgendeinem Wort, das mir den

Weg zum Transitbereich weist. Während ich mich durch die Menschenschlangen zwänge, halte ich nach den Treppen Ausschau, von denen Miquel gesprochen hat. Irgendwann muss ich in die untere Etage wechseln und von dort über die Förderbänder zu meinem Gate laufen. Allein bei den Gedanken daran, wie viele Meter noch zwischen mir und dem sich gerade füllenden Flugzeug liegen und dass ich noch nicht einmal meine Bordkarte in der Hand halte, schießt mir das Adrenalin durch jede meiner Fasern. Ich atme tief durch. Wann immer ich in einer so unübersichtlichen, angespannten Situation stecke oder unter akutem Stress oder Zeitdruck stehe, zwinge ich mich, all das, was noch vor mir liegt, nicht als großes Ganzes, sondern in kleinen Schritten zu sehen. Mich auf das zu konzentrieren, was jetzt gerade zu tun ist.

Ich sammle mich kurz, sehe mich einen Moment lang um und finde eine Sekunde später tatsächlich die Aufschrift *conexión* und daneben die kursive Übersetzung – *transit*.

Der weiße Pfeil zeigt mir an, dass ich nach links abbiegen muss, direkt davor sehe ich eine breite Treppe, die nach unten führt. Mit einer Hand halte ich mich am Geländer fest, mit der anderen schultere ich den Gurt meiner Tasche und laufe die Stufen nach unten, nur um nicht einmal einen Augenblick später zu bemerken, dass ich mich geirrt habe: Statt zum Transit geht es hier in den Gepäckbereich.

Abrupt bleibe ich stehe, will gerade auf dem Absatz kehrtmachen, als ein Sicherheitsbeamter mich aufhält. »*No entrance!*«, sagt er.

»Ich muss zurück nach oben, ich habe einen Anschlussflug!«, sage ich erst viel zu schnell und dann noch einmal langsamer.

»*No entrance! No entrance from the luggage!*«

»Sorry, ich verstehe nicht?«, versuche ich es noch einmal. »Ich hab einen Anschlussflug, ich bin nur falsch abgebogen, ich muss wirklich dringend wieder nach oben!« Ich zeige mit dem Arm nach oben und will einen Schritt auf die Treppe zumachen, aber der Beamte baut sich vor mir auf, zieht die Augenbrauen zusammen und antwortet mir in einem so schnellen, grollenden Spanisch, dass sich unsere Unterhaltung für mich augenblicklich wie ein Gefecht anfühlt, das ich nur verlieren kann.

Verzweifelt hebe ich die Hände. »*Please, please just try to understand me.*« Ohne mich auch nur eines Blickes zu würdigen, sagt er »*Salida!*« und zeigt noch einmal auf den Ausgang. Als ich mich noch immer nicht bewege, sagt er zum ersten Mal auf Englisch: »*Why do you want to make a problem?*«

»*I don't want to make a problem, I just* –«

Aus dem Augenwinkel sehe ich auf einmal Miquel an uns vorbeigehen. Ich winke nach ihm und atme erleichtert auf, als er mit schnellen Schritten auf uns zukommt. »Was ist los?«, fragt er mich, versteht zum Glück sofort die Situation und beginnt, mit dem Beamten zu diskutieren. »Du darfst aus der Gepäckabteilung nicht zurück in den Transitbereich. Du musst noch einmal durch die Sicherheitskontrolle!«

»Ich wollte hier gar nicht landen! Ich hab mich in der Treppe geirrt!«, rufe ich und wische mir mit den Handflächen durchs Gesicht. »Ich hab es auch schon nach ein paar Stufen bemerkt und wollte direkt umdrehen! Er muss doch gesehen haben, dass ich nur eine Sekunde vorher an ihm vorbeigelaufen bin. Ich habe mich wirklich einfach nur geirrt!«

Miquel übersetzt für mich, gestikuliert, zeigt immer wieder auf mich und deutet dann an, dass ich nur auf der Durchreise bin. Zumindest scheint es, als würde der Beamte ihm zuhören.

»Hast du deine Bordkarte?«, fragt Miquel mich, und ich schüttle den Kopf.

»Die liegt am Gate. Ich konnte sie nicht herunterladen, und in Tulum konnte man sie mir nicht ausdrucken.«

Als hätte er mich verstanden, beginnt der Beamte wieder abzublocken: »*No entrance from the luggage and NO ENTRANCE without the boarding pass!*«

Miquel versucht ein letztes Mal, ihn umzustimmen, aber er bleibt hart.

»Was mache ich denn jetzt?«, frage ich und spüre, wie in mir auf einmal das Gefühl von Angst aufsteigt, sich wie ein Kloß in meiner Kehle festsetzt und nicht mehr herunterschlucken lässt.

»Du musst noch einmal durch die Kontrolle, und du brauchst dafür einen Boarding Pass. Deine einzige Chance ist es, zu einem Schalter zu laufen und ihn dir dort ausdrucken zu lassen!«

»Das wird niemals was! Mein Flug boardet doch schon!«

»Dann lass dich auschecken und buch dich dann auf den nächsten Flug um!«

Ich nicke – und setze mich beinahe automatisch in Bewegung, laufe wie ferngesteuert durch die Ankunftshalle, zurück zu den Abflügen, finde zum Glück sofort den Schalter der Lufthansa, an dem das Personal gerade zusammenpackt. »Der Flug nach Frankfurt ist geschlossen!«, ruft sie mir schon zu, bevor ich mich überhaupt vorstellen kann. Ich bitte sie dennoch um Hilfe, schildere meine Situation, und als sie sich tatsächlich noch einmal an ihre Tastatur setzt, das System hochfährt und meine Daten eintippt, glaube ich sogar kurz, dass alles noch einmal gut ausgeht.

Einen Moment später schüttelt sie den Kopf. »Ich kann Ihnen die Bordkarte nicht mehr ausdrucken, der Flug ist im *final call*. Der hebt in weniger als 20 Minuten ab. Und ich kann Sie auch nicht umbuchen, denn Sie sind eingecheckt, stehen auf der Flugliste, und Ihr Gepäck ist längst verladen.«

»Kann ich mich nicht irgendwie wieder auschecken lassen?«

»Normalerweise ja, aber da der Flug gleich abhebt, kann das nur noch jemand im *Main Office*. Wenn Sie dort jemand auscheckt und von der Passagierliste streicht, können wir Sie umbuchen. Der nächste Flug nach Frankfurt geht morgen früh. Allerdings glaube ich kaum, dass sie jetzt noch –«

»Wie komme ich zum *Main Office*?«, unterbreche ich sie und sehe ihr an, dass sie überlegt, ob es überhaupt Sinn macht, mir den Weg zu beschreiben. Als sie mein Gesicht und den Stress sieht, der sich darin breitgemacht hat, tut sie es dann aber dennoch.

Während ich im Aufzug stehe, der mich in den dritten und letzten Stock des Gebäudes bringt, setzt in mir die Akzeptanz ein, dass es keine Chance mehr gibt, diesen Flug noch zu schaffen, aber dafür die Möglichkeit, ihn vielleicht irgendwie noch umzubuchen, mich irgendwie von dieser Passagierliste zu streichen, um mir wenigstens einen Platz auf dem nächsten Flug zu sichern.

Als die Türen sich öffnen, biege ich in den grauen Korridor ab, den die Frau am Schalter mir eben beschrieben hat, verliere aber schon nach kürzester Zeit in dem schieren Labyrinth aus Büros und Gängen die Orientierung. Ich begegne kurz einem Servicemitarbeiter, der, als er mein Englisch hört, allerdings sofort abwinkt, ohne dabei stehen zu bleiben. »Lufthansa?«, rufe ich ihm noch hinterher, aber er dreht sich nicht noch einmal um. Ich versuche es noch einmal in einer anderen Richtung, entscheide wahllos, wann ich abbiege, haste die Gänge entlang und bremse auf einmal abrupt, als ich den Namen an einer der Sicherheitstüren lese. Ich klingle, jemand öffnet – und versteht mich abermals nicht.

»Bitte«, flehe ich, nachdem ich immer wieder an der Sprachbarriere scheitere und ein weiterer Mitarbeiter mir mit Gesten zu verstehen geben will, das er nichts für mich tun kann. »Bitte hören Sie mir doch wenigstens zu. Bitte finden Sie doch jemanden, der Englisch spricht.« Meine Worte gehen in seinen unter, ich hebe immer wieder entschuldigend, vielleicht aber auch abwehrend, die Hände und rufe ein bisschen zu laut: »Ich verstehe leider kein Spanisch. Ist denn hier wirklich nirgends irgendjemand in diesem Büro, der Englisch spricht?«

»Ich spreche Englisch!«, antwortet eine kleine, zierliche Frau aus dem Hintergrund und kommt dann auf die Tür zu. »Was ist denn das Problem?«

»Ich muss dringend von einer Passagierliste gestrichen und ausgecheckt werden.«

Ich zeige ihr meine Fluginformationen und meinen Pass, sie wirft kurz einen Blick darauf und sagt dann: »Warten Sie hier.«

Was sich wie eine Ewigkeit anfühlt, sind vielleicht nur wenige Minuten. Aber die Stille auf diesem Flur, das Gefühl, dass ich gerade nichts weiter tun kann, und die sich anbahnende Gewissheit, dass diese Sicherheitstür mein letzter Versuch und gleichzeitig meine Endstation für heute Nacht ist - dass ich nicht mehr rennen muss, sondern kurz stehen bleiben kann -, gibt mir die Chance, mich kurz in meiner Situation umzusehen, mich kurz zu sammeln und auf das neue Ziel auszurichten. Ich bin gut darin. Es fällt mir leicht, den Fokus zu wechseln oder mich binnen Sekunden auf eine neue Situation einzustellen. Man kann mich buchstäblich beinahe zu jeder Zeit ins kalte Wasser werfen. Manchmal bleibt mir einen Augenblick lang der Atem weg, manchmal wehre ich mich, aber einen Bruchteil später - beginne ich, zu schwimmen.

Ich bin nicht in der Lage, das Flugzeug zu stoppen - aber ich kann mich nach Hause bringen. Ich kann meinen Flug umbuchen, ich kann im schlimmsten Fall einen neuen bezahlen, ich kann mir am Flughafen ein Hotelzimmer nehmen. Falls ich es muss, kann ich sogar eine Nacht am Gate schlafen. Vielleicht werden meine Koffer wieder ausgeladen, vielleicht aber auch schon vor mir in Hamburg ankommen, vielleicht werde ich sie suchen müssen. Aber all das ist jetzt gerade weder zu ändern, noch ändert es etwas. Ich bin in keiner akuten Gefahr, in mir kickt zwar das Adrenalin, läuft gemeinsam mit der Zeit davon - aber ich bin okay, ich werde es sein. Das hier ist nur eine Momentaufnahme. Nur eine Hürde, die bald überwunden sein wird.

»Frau Mallon?«, fragt die zierliche Frau und reißt mich aus meinen Gedanken.

»Ja?«

»Ich kann Sie nicht von der Passagierliste nehmen, dazu ist es leider zu spät. Aber ich habe gerade die Crew angerufen, und die Maschine tankt gerade noch, ich bringe Sie da jetzt hin!«

»Sie … Sie was?«

»Kommen Sie, beeilen Sie sich, wir werden ein bisschen rennen müssen!«

Ich weiß selbst nicht, wie ich es schaffe, mit ihr mitzuhalten. Der Gurt meiner Tasche schneidet mir schmerzhaft in die Schulter, mein Atem geht stoßweise, auf jedem Rollband hoffe ich, dass sie kurz stehen bleibt, dass ich nach Luft schnappen kann. Aber immer wieder dreht sie sich um, zeigt mir an, dass wir das Tempo halten müssen. Sie schleust mich durch den Sicherheitsbereich, nimmt mir auf dem Weg noch meinen Pass ab und lässt ihn bereits prüfen und schließlich abstempeln, als ich aufhole und die Kontrolle erreiche. Durch den Tunnel kommen wir auf einen weiteren Mitarbeiter des Bodenpersonals zu, der uns meinen Boarding Pass überreicht. Er spricht kurz über Funk, dann nickt er und gibt uns den Weg frei.

»Sie werden fliegen!«

»Wie bitte?«

»Wir können boarden, Sie werden fliegen, nur ab hier müssen Sie alleine gehen!«, sagt die zierliche Frau zu mir.

»Vielen, vielen Dank – ich weiß gar nicht, was ich sagen soll. Oder wie ich Ihnen irgendwie danken soll«, stammle ich, aber sie winkt ab.

»Ach, das habe ich gern gemacht. Es tut mir leid, dass alles so stressig war! Aber ich bin froh, dass wir es geschafft haben!«

Ich nicke, lächle ihr zu und würde sie am liebsten umarmen. Aber bevor ich reagieren kann, setzt sie sich schon wieder in Bewegung und winkt mir noch einmal zum Abschied.

Erst als ich den Fuß über die Kante und auf den blauen Teppich des Airbus setze, bemerke ich, wie sehr ich außer Atem bin, dass meine Beine und Hände zittern und mein Gesicht vor Anstrengung kribbelt. Ich bemühe mich um ein Lächeln, als der Purser auf mich zukommt.

»Willkommen an Bord, Frau Mallon!«, sagt er.

Weil ich seine Stimmung nicht direkt einordnen kann, entschuldige ich mich: »Es tut mir so leid, dass ich zu spät bin. Wir hatten so eine Verspätung, und dann gab es Probleme bei der –«

»Holen Sie erst einmal Luft. Alles in Ordnung.« Er reicht mir ein Glas Wasser, und ich nehme dankbar einen großen Schluck. »Lassen Sie mich nur ganz kurz sehen, ob Ihr ursprünglicher Sitzplatz noch frei ist, und dann hole ich Sie, in Ordnung?«

Ich nicke und mache ihm Platz. Sehe mich dann vorsichtig nach den anderen Passagieren um. Hier, in der Business Class, haben die meisten mein spätes Einsteigen nicht einmal bemerkt. Manche unterhalten sich, trinken dabei Orangensaft oder Sekt, andere richten sich ein. Eine ältere Dame lächelt mir zu, und als ich es erwidere, spricht sie mich an: »Das muss ja eine Aufregung gewesen sein!«, sagt sie mitfühlend.

»Oh, hat das ganze Flugzeug auf mich gewartet?«, frage ich und spüre, wie mein Gesicht schlagartig warm wird.

»Nein, nein! Ich habe nur mitbekommen, dass jemand fehlt, aber auf dem Weg ist. Erst hieß es, wir machen die Türen schon zu, aber der Purser hat dann entschieden, dass wir damit warten, bis wir wirklich vollgetankt und startklar sind.«

»Das ist sehr nett. Ich hatte mich schon damit abgefunden, dass ich einen neuen Flug buchen und am Gate übernachten muss. Und auf einmal sind wir dann doch losgelaufen.«

»Reisen Sie denn ganz allein?«, fragt sie mich, und ich nicke.

»Ja, ich bin meistens allein unterwegs.«

»Das finde ich toll! Das muss aufregend sein!«

»Heute sogar noch ein bisschen mehr als sonst. Ganz kurz habe ich dann doch ein bisschen Angst bekommen«, sage ich lachend. »Aber es stimmt: Der Mut, allein loszuziehen und ein Stückchen mehr Welt zu entdecken, wird immer belohnt. Ich habe noch nie eine Reise gemacht, die ich am Ende bereut habe. Jede bringt neue Erinnerungen mit sich«, antworte ich.

»Darf ich Ihnen noch ein Glas Sekt für die Heimreise anbieten?«, fragt mich die Dame. Erst zögere ich. »Für die Nerven?«, schiebt sie nach, und ich nicke lachend. »Ich hole mir gleich ein neues, Sie können das hier haben!« Sie reicht mir ihr volles Glas und prostet mir mit ihrem letzten Schluck Orangensaft zu: »Auf den Mut – und kommen Sie gut nach Hause!«

#17

Ein Moment, in dem ich begreife, was ich wirklich will

»Irgendwann, wenn ich von all dem hier genug habe, mache ich irgendwo auf der Welt, in irgendeinem Dschungel oder an irgendeinem Strand, genau so eine Bar auf. Zapfe Bier, höre und erzähle Geschichten und verpasse keinen einzigen Sonnenuntergang mehr.«

Ich lehnte mich gegen die Wand hinter mir, die von der Sonne des Tages noch immer aufgeheizt war. Die Schatten wurden länger, die Bucht vor uns bernsteinfarben. Den ganzen Tag über waren wir unterwegs gewesen, auf der Jagd nach Motiven und Szenerien. Gerade einmal 24 Stunden hatten wir, um einen Weekend-Guide für Lissabon zu shooten. Cafés, Restaurants, Kultur, versteckte und berühmte Plätze, lokale Bars, die schönsten Rooftops der Stadt und natürlich Pastéis de Nata. Seit dem Frühstück waren wir auf den Beinen, um das zu fotografieren, was andere später erleben könnten. Wir kreierten die perfekten 72 Stunden, gerade hastig genug, um Lesern und Followern ein entspanntes, buntes Wochenende vorzuschlagen, vielleicht auch vorzuspielen. Denn genau das war der Punkt an meinem Beruf: Ich produzierte wie ein Art-Direktor, hatte einen Zeitplan, Zeitdruck, Kundenvorgaben – aber ich durfte es niemanden wissen lassen. Ein Redakteur wäre auf Produktion. Eine Bloggerin erlebte das, was sie da zeigte, im besten Fall wirklich. Und oftmals klappte das – vielleicht aber auch deshalb, weil ich es mittlerweile gewohnt war, dass meine eigenen Erlebnisse sich dann doch immer wieder nach der Kamera richteten. Natürlich genoss ich das Frühstück im Memmo Hotel – aber ich bestellte den Obstsalat und nicht das Rührei, weil frische Früchte mit Joghurt einfach fotogener waren als eine gelbe Masse neben einem gebutterten Toast. Natürlich verloren wir uns in der Altstadt, fuhren mit der Stadtbahn zum Castelo, setzten uns mit einem Eis auf eine der Bänke und hörten den Straßenmusikern zu. Aber mein geschulter Blick unterbrach uns immer wieder in den Bewegungen, wir froren sie ein oder wiederholten sie, liefen noch einmal und noch einmal am gleichen Stand entlang, warteten an der Ecke, bis die Bahn sich im perfekten Winkel durch Alfama schlängelte. Wir fotografierten das Eis, bevor wir es aßen, suchten zum Lunch gezielt ein Restaurant mit ästhetischer Szenerie. Natürlich gefiel es uns, natürlich fanden wir es wunderschön, aber es machte sich eben auch gut auf den Bildern. Wir liefen dem Licht und den Momenten hinterher, und ich hatte den Finger eigentlich permanent am Abzug, erlebte Lissabon durch eine Linse, um nicht das zu verpassen, was später im fertigen Guide so etwas wie der *Moneyshot* sein würde – das eine perfekte Bild, das du einfach nicht planen kannst, sondern einfangen musst. Fotografen haben für Reportagen die Zeit, sich ganz und gar auf ihre Kamera zu konzentrieren. Art-Direktoren haben ein Team und die Konzentration, um auf die Details zu achten, die Szenen zu kreieren. Redakteure haben die Freiheit, sich ganz und gar auf das Erlebnis einzulassen. Als Model war ich Teil eines Bildes. Als Bloggerin kombinierte ich all diese Jobs und ließ es dabei so aussehen, als wäre es keiner (was ein ganz anderes Problem war).

Ich liebte meinen Job, ich liebte den kreativen Freiraum und vor allem die Möglichkeit, all die verschiedenen Facetten und Aufgaben auszuleben, die er mit sich brachte. Ich liebte Fotografie, ich liebte es, die Kontrolle über mein Setting zu haben, ich war spontan, ich arbeitete effizient und selbstständig. Stress machte mir nicht viel aus, Zeitdruck machte mich sogar noch kreativer, und für ein einziges Problem fielen mir in unter zwei Minuten fünf verschiedene Lösungen ein. Das, was ich in drei Tagen und mehr als 2000 Fotos aufsaugte, ansammelte – gab ich gut eine Woche später in einem kuratierten Beitrag mit 30 ausgesuchten Bildern wieder. Mindestens vier davon promoteten dabei immer die Brand, die uns eingeladen hatte. Eigentlich waren wir in Lissabon, aber wir testeten auch den neuen Renault Clio. Eigentlich entdeckten wir Rom, aber natürlich in Kooperation mit Lavazza. Drei Tage nach der Veröffentlichung eines solchen Beitrags reiste ich schon wieder zum nächsten Event, zum nächsten Trip, zum nächsten Thema, und mir blieb kaum die Zeit, um aus den schnellen Erlebnissen echte Erinnerungen zu machen. In den ersten Monaten, vielleicht sogar Jahren fühlten sich all die Möglichkeiten und Einladungen an wie ein Tapas-Büffet. Ich konnte im Vorbeilaufen überall ein paar Häppchen probieren, mich auf so viele unterschiedliche Geschmäcker einlassen, die Welt kosten, nie zu viel auf einmal und nie nur eine Kultur. Aber wenn ich ehrlich war, fühlte ich mich mittlerweile fast satt – und trotzdem grummelten in meinem Magen das Fernweh und die Sehnsucht danach, wirklich zu erkunden, einzutauchen, statt nur kurz durch die Destinationen zu stolpern.

Dieses Bier, das ich gerade mit meiner Freundin in der Abendsonne von Lissabon trank, während wir dabei auf die Ponte Vasco da Gama schauten, war der erste Teil unseres Trips, den wir nicht für die Bilder oder die Szenerie, sondern einfach nur für uns lebten. Meine Kamera lag still neben mir, während ich den Luxus, der in diesem kleinen Moment steckte, genoss. Nichts einfangen, nichts bewegen, herauskitzeln, nichts in die richtige Perspektive rücken, nichts präsentieren. Einfach sein und sein lassen. Dieser Sonnenuntergang gehörte nur uns, er war nicht unsere Bühne, wir waren nur ein Teil von ihm.

Was ich damals schon fühlte, aber noch nicht in Worte fassen konnte, wurde mir ein paar Monate später dafür umso klarer, als ich nach einer unfreiwilligen Nacht in einem Bahnhofshotel und einer kleinen Panikattacke wegen eines verpassten Pressefrühstücks begann, meinen Beruf zu hinterfragen. Ich war ausgebrannt, gefangen in einer Arbeit, die sich schal und sinnlos anfühlte. Die mir nicht das Gefühl gab, dass ich alles sehen oder kosten oder erleben könnte – sondern die nur noch alles von mir wollte. Was mir einst Freude und Erfüllung gebracht hatte, war zu einer oberflächlichen Fassade geworden, zu einem nicht enden wollenden Kreislauf aus Konsum und Markenwerbung. Mein Job stützte nicht mein Leben, mein Leben rannte meinem Job hinterher. In mir vibrierten ständige Hast und die Sorge, nicht genug oder nicht schnell genug zu liefern, was andere klicken oder teilen sollten. Das ständige Streben nach dem nächsten großen Ding, die endlose Anhäufung von materiellen Besitztümern und der unerbittliche Wettlauf um Likes und Kommentare hatten dazu geführt, dass ich mich von meinem wahren Selbst abgekoppelt fühlte.

Die Kamera, Bilder, ganz egal ob analog oder digital, waren seit Jahren mein liebstes Ausdrucksmittel. Mit jedem Klick auf den Auslöser hielt ich einen Moment fest, fing seine rohe und ungefilterte Schönheit ein. In diesen gestohlenen Sekunden fand ich eine Möglichkeit, Emotionen und Geschichten zu vermitteln, die Worte nicht ausdrücken konnten.

Aber als Influencerin ist die Kamera zu einem Werkzeug der Selbstvermarktung geworden, zu einem Mittel zum Zweck. Ich war nicht mehr der Künstler hinter der Linse, sondern nur noch ein Subjekt. Ich produzierte Tausende tote Bilder zur Präsentation von Marken und Produkten, ließ meinen Auslöser durch Städte, Cafés und Restaurants rattern, schaute kaum noch darauf, was ich einfing, solange ich bloß nichts verpasste, was ich später noch einmal verwenden könnte – und doch nie wieder ansah. Manchmal hatte ich das Gefühl, die Seele meiner Fotografie wäre in einem Meer der inszenierten Fotoshootings und perfekt kuratierten Instagram-Feeds untergegangen.

Auch das Schreiben war in meinem Leben in den Hintergrund getreten. Für meine Kolumne hatte ich immer weniger Zeit, den Traum vom Buch weit nach hinten geschoben. Ich hatte keine Zeit, mich auf lange Artikel zu konzentrieren. Stattdessen tippte ich gehetzt an leblosen Assignments für ein bisschen mehr Verdienst im Monat. Statt mit meinen Worten Bilder zu zeichnen, konzentrierte ich mich auf Zeichenanzahlen, reduzierte mich auf einprägsame Bildunterschriften und gesponserte Beiträge, denen die Tiefe und Authentizität fehlte, die irgendwann mal meine Stimme ausgemacht hatten.

Als mir endlich bewusst wurde, wie wenig von meinem Talent und meinem Interesse überhaupt noch in meinem Job steckte und mit wie vielen leeren Überschriften und Persönlichkeiten, mit wie vielen oberflächlichen Egos, materiellem Status und dem Druck, ihnen gerecht zu werden, er sich aufgeladen hatte, zog ich die Reißleine. Ich zog mich zurück, änderte meinen Job, bewarb mich als Reisejournalistin bei verschiedenen Agenturen – und wurde von einer schließlich nach Südafrika geschickt.

Die afrikanische Sonne taucht die Savanne in Wärme, lässt die Affenbrotbäume lange Schatten bis tief ins Grasland werfen. Um uns herum wiegen sich die Halme sanft in der Abendbrise. Wir parken unter einem Akazienbaum, über uns bauen Webervögel an ihren Nestern, jagen sich zwitschernd durch die Äste. Stundenlang sind wir quer durch das Reservat gefahren, um diesen Platz zu finden, immer tiefer ins Innere, vorbei an verwitterten Felsen und dem Marico River – der Lebensader für die Tierwelt, die sich quer durch die Landschaft zieht. Wir haben die Umgebung erkundet, Löwenspuren verfolgt, übermütige Affenkinder beim Spielen beobachtet und schließlich im Flussbett auf die Elefantenherde gewartet, von der Samuel anhand ihrer Route vermutete, dass sie am Nachmittag im Schlamm baden oder am Ufer ihren Durst stillen würde. Samuel kennt jeden Baum, jede Pflanze, jeden noch so kleinen Vogel, der unseren Weg kreuzt, und er teilt sein Wissen geduldig mit mir – für die jeder Zentimeter in diesem Land neu und aufregend ist.

Ein paarmal habe ich versucht, eine Verbindung auf meinem iPhone herzustellen, jedes Mal vergeblich. Als ich Samuel nach einem Platz für ein besseres Signal frage, zuckt er mit den Schultern. »Ist schwer zu sagen, das Signal hier ist nie stabil. Manchmal hast du tagelang keinen Empfang.« Kaum vorzustellen.

»Und was machst du, wenn du in der Zeit mal jemanden erreichen musst?«, frage ich.

»Was hier im Busch nicht warten kann … ist nicht wichtig. Was nach zwei Tagen nicht mehr aktuell ist, hatte sowieso nie unsere Energie verdient.« Er tippt auf sein Funkgerät. »Das hier ist für Notfälle, alles andere wird quasi … natürlich selektiert.«

Ich bin mir nicht sicher, ob das beängstigend oder befreiend klingt. »Fühlst du dich nicht manchmal von der Welt abgeschnitten?«, frage ich ihn.

»Im Gegenteil.«

Die anderen Journalisten, mit denen ich unterwegs war, hatten sich für eine Ruhephase in unserer Lodge entschieden. Vor ein paar Stunden noch hatte der Wind durch das Reservat geblasen, die Sicht war diesig und die Bedingungen für *Game Viewing* dementsprechend schlecht gewesen. Außerdem war der Strom den ganzen Vormittag über ausgefallen, meine Kamera lag mit schwachem Akku auf meinem Bett.

»Lass uns trotz des Wetters losfahren. Wer weiß, vielleicht klart es später noch auf«, schlug Samuel vor.

»Ich hab leider gar kein Equipment bereit im Moment«, antwortete ich, aber er lachte nur.

»Es ist das Gesetz einer Safari, dass die besten Dinge immer dann passieren, wenn du dein Equipment nicht dabeihast.«

Einen Moment lang dachte ich: Na ja, warum dann überhaupt losfahren? *What's the point then?* Aber nur einen Moment später besann ich mich und stimmte als Einzige einem *Game Drive* zu. Die erste Stunde kämpften wir uns durch aufgewirbelten Sand und eine verlassene Savanne. Aber nach und nach ließ der Wind tatsächlich von uns ab, klarte den Himmel für uns gerade noch so weit auf, dass die Sonne immer wieder durchbrechen konnte.

Seitdem aus den Böen eine schwache Brise geworden ist, können wir den Tieren dabei zusehen, wie sie aus dem Dickicht zurück ins offene Grasland laufen.

»Wenn der Wind weht, können sich die wenigsten Tiere noch auf ihren Geruch oder ihr Gehör verlassen. Für viele macht das die Orientierung schwer, für andere ist es schlicht lebensgefährlich. Impalas, Kudus und Zebras sind darauf angewiesen, ihre Feinde zu wittern oder Geräusche wahrzunehmen. Nimmt die Natur ihnen ihre Instinkte, irren sie sozusagen blind und schutzlos durch ihren Lebensraum«, erklärt mir Samuel. »Was der Wind für die Tierwelt ist, ist die Großstadt für mich. Je lauter es um mich herum ist, je mehr Geräusche und Eindrücke und Menschen ich zu verarbeiten habe, je mehr Nachrichten ich empfange, je schneller und lauter mein Alltag wird, desto schwieriger finde ich es, meine eigenen Gedanken zu hören. Oder meinem Bauchgefühl zu trauen. Wann immer ich für ein paar Tage in Johannesburg bin, Freunde oder meine Familie besuche, merke ich erst, wenn ich wieder hier draußen bin, dass ich eigentlich nächtelang keinen klaren Gedanken fassen konnte.«

»Weil der Trubel uns die Instinkte nimmt«, sage ich.

»Genau«, antwortet er und nickt. »Wann hast du das letzte Mal eine Entscheidung getroffen, ohne vorher Google wie ein Orakel zu befragen? Dich einfach nur auf dein eigenes Gefühl verlassen? Nicht auf Social Media um Bestätigung gebeten oder die Meinung deiner Freunde per WhatsApp herangezogen? Wann warst du zuletzt mit deinen Gedanken ganz allein? Ohne dich selbst zu unterbrechen oder abzulenken?« Als ich nicht antworte, fügt er noch hinzu: »Und wie oft hast du heute schon auf deinen Bildschirm geguckt, ganz automatisch, obwohl du weißt, dass du keinen Empfang hast? Ich hab dich beobachtet. Es ist, als hätten deine Muskeln gelernt, dass du nicht allein sein willst.«

»Eigentlich absurd.«

»Was denn?«

»Eigentlich denke ich die ganze Zeit, dass ich so unbedingt eine Pause von der Welt brauche, die in meinem Bildschirm zuckt und wimmelt.«

Er grinst. »Dann bist du an den richtigen Ort gekommen.«

Wir bleiben noch eine Weile still nebeneinander stehen, sehen dem Horizont dabei zu, wie er die Sonne verschluckt. In der Distanz kreuzt eine Giraffenherde unseren Weg, ihre eleganten Silhouetten und verlangsamt wirkenden Bewegungen geben auch mir ein Gefühl der Entschleunigung. Vielleicht ist es genau das, was der Busch dir mitgibt, auch wenn du dich noch so sehr dagegen wehrst.

»Sollen wir wieder los?«, fragt Samuel in meine Ruhe, und ich nicke, ziehe den Reißverschluss meiner Jacke zu und klettere auf die Beifahrerseite des Landrovers.

»Wie lange bist du schon Ranger?«, frage ich Samuel, während er uns zurück auf die Sandstraße lenkt und die Lichter einschaltet.

Er überlegt. »Seitdem ich 20 bin, also schon ein paar Jahre. Ich hab mit 15 als Gehilfe in einer Lodge hier in der Nähe angefangen. Am Anfang hab ich dort die Zäune repariert, Wände gestrichen und einfach überall ausgeholfen. Irgendwann haben sie mich dann zum Fahrer befördert, und ich hab die Lebensmittel vom *Airstrip* abgeholt und Gepäck verteilt. Ich kannte mich schon immer gut im Busch aus, bin im Eastern Cape aufgewachsen, mitten im Dschungel, bis meine Familie dann hierhergezogen ist. Ich war immer draußen, egal, wo wir gelebt haben, mich hat es immer ins Freie gezogen. Das ganze Wissen kam mit jedem Tag, den ich hier verbracht habe. Und als ich dann alt genug war, durfte ich als *Tracker* anfangen. Du weißt schon: Fährtenlesen und so. Na ja, und wenn man ein bisschen Talent hat, seine Prüfungen besteht und pünktlich ist, dann ist es von dort aus gar nicht mehr schwer, irgendwann mal ein richtiger Guide zu werden. Es ist ein richtig guter Job. Ich mag, dass ich viel draußen bin, ich habe seit Jahren keinen Sonnenuntergang mehr verpasst.«

»Wirklich nicht?«

Er schüttelt den Kopf.

»Das war immer mein Ziel. Keine Sonnenuntergänge mehr zu verpassen. Wenigstens diese fünf Minuten am Tag unter freiem Himmel oder zumindest am offenen Fenster zu verbringen.«

»Und was hindert dich daran?«

»Keine Ahnung, der Alltag vermutlich, die Routinen in meinem Leben, die so weit weg davon sind, sich nach so etwas wie einem Sonnenuntergang zu richten.«

»Hm«, macht er.

»Willst du das hier für immer machen?«, frage ich ihn. »Ist das dein Traumjob?«

»Wenn ich es mir aussuchen könnte, würde ich am liebsten zurück ins Eastern Cape. Zumindest für eine Weile. Irgendwo entlang der Wildcoast mit einem Kumpel eine Bar aufmachen, die Sommer dort drüben verbringen …«

»Ist nicht dein Ernst!«, falle ich ihm ins Wort. Aber bevor ich weitersprechen kann, tritt er hart auf die Bremse. Unsere Reifen blockieren, wirbeln den Staub um uns herum auf. Sam manövriert den Wagen sicher in den Stand, aber als er die Taschenlampe einschaltet und in die Dunkelheit leuchtet, kann ich sein ernstes Gesicht erkennen.

Ich will ihn fragen, ob alles in Ordnung ist, halte mich aber zurück. Warte darauf, dass er zuerst spricht. Er schaltet unsere Headlights aus und greift zum Funkgerät.

»*Evening! Samuel here. I am with one of the journalists, we are stuck in the Riverbed north of H1–1. A heard of Inyathi is blocking us.*«

»*Copy that*«, sagt die Stimme am anderen Ende. Sam gibt noch unsere Koordinaten durch, bevor er den Funkspruch beendet.

»*Alright*«, sagt er und sieht mich an. »Alles okay?« Er schaltet die Taschenlampe wieder ein und bedeutet mir, näher zu kommen. »Siehst du das? Das sind gut 50 Büffel, die uns gerade den Weg abschneiden. Und das sind nur die, die ich auf den ersten Blick sehen kann.«

»Und was machen wir jetzt? Können wir – ich weiß nicht – vorsichtig vorbeifahren?«

»Das da ist eine Versammlung der so ziemlich wütendsten Kühe, die du dir nur vorstellen kannst. Ich würde lieber einem Löwen zu Fuß begegnen, als auch nur zu riskieren, eine Herde Büffel zu bedrängen.«

»Okay, und jetzt?«

Er zieht zwei Decken vom Sitz hinter sich und reicht sie mir. »Warten wir. Irgendwann geben sie den Weg schon frei. Du hast hoffentlich kein Problem damit, das Abendessen zu verpassen?«

Ich weiß nicht, wie lange wir in der Dunkelheit sitzen, wie lange es dauert, bis die Geräusche der Nachtschwalben und Grillen um uns herum zum weißen Rauschen werden. Samuel gibt über die Funkverbindung immer wieder ein Status-Update, aber für eine gefühlte Ewigkeit bewegen sich die Büffel nur wenige Meter und wir uns keinen einzigen. Ich lehne meinen Kopf zurück und schaue in den Himmel. Die Mondsichel wirft einen blassen, diffusen Schein über die Landschaft, und Sternbilder wie das Kreuz des Südens und der Gürtel des Orion sind schon jetzt gut sichtbar. In ein paar Stunden wird sich die Milchstraße über das Firmament ziehen. Als ich gestern Nacht noch einmal auf der Terrasse vor meinem Zimmer saß (und eigentlich versucht habe, mich mit dem Wi-Fi zu verbinden), hat sie sich wie ein leuchtendes Band aus unzähligen Sternen über mir ausgestreckt. Noch nie in meinem Leben hat der Nachthimmel so klar und beinahe greifbar und doch so unendlich weit auf mich gewirkt.

»Ich hab einen ähnlichen Traum. Es ist eigentlich nicht einmal ein Traum, nur so ein Hirngespinst, ein schöner Gedanke, den ich manchmal ausschmücke. Ich denke dann immer, dass ich irgendwann, wenn ich wirklich genug von allem habe, eine kleine Bar irgendwo im Nirgendwo aufmache, die Tage ineinanderfließen lasse und – endlich nie wieder einen Sonnenuntergang verpasse«, sage ich leise in die Dunkelheit.

»Geht es um die Bar oder die Sonnenuntergänge?«, fragt mich Sam, und ich öffne die Augen, um ihn anzusehen.

»Ich glaube, es geht um den Bruch mit meinem Alltag.«

»Dafür brauchst du keine Bar, keinen fernen Traum – nur neue Prioritäten. Du kannst sie jetzt sofort, in diesem Moment, neu sortieren.«

»Das sagst du so einfach. Und dann kommt mir doch wieder das Leben dazwischen.«

»Das musst du ändern.« Er sieht mich ernst an. »Dein Leben darf dir nicht einfach so dazwischenkommen. Es ist kein Hindernis. Es ist das Schönste, was du hast.«

Seine Worte sinken so schnell und unerwartet ein, wie er sie eben ausgesprochen hat. Dein Leben ist das Schönste, was du hast.

»Okay! Guck! Das ist unser Zeitfenster. Lass es uns nutzen.« Sam startet den Motor, und wir bewegen uns vorsichtig und mit noch immer ausgeschalteten Lichtern auf die Herde zu, die sich vor uns gerade so weit geteilt hat, dass Sam es für sicher genug hält, uns durch die Passage zwischen ihnen zu lenken.

»Wahnsinn«, flüstere ich leise, als ich endlich einen guten Blick auf die Größe der Herde erhaschen kann. Ein paar von den Büffeln betrachten uns mit ruhiger Miene, aber schon ihre schiere Größe und ihre überwältigende Überzahl fühlen sich für mich Ehrfurcht gebietend an. Ich kenne Szenen wie diese nur aus Dokumentationen, gefiltert, geschnitten. Aber das hier ist real. Der Geruch von Erde und warmem Moschus liegt in der Luft, ich höre die leisen Geräusche der Hunderte Hufe, ab und zu ein Schnauben, das Surren unseres Motors. Meine Gänsehaut kribbelt auf meinen nackten Armen. In den letzten Tagen habe ich Hunderte, vielleicht sogar Tausende Fotos gemacht, habe das Reservat beinahe ausschließlich durch den Sucher meiner Kamera wahrgenommen. Diese Erinnerung – gehört nur mir. Und das fühlt sich ungewohnt an.

»Ein Teil von mir wünscht sich, ich hätte die Kamera dabei. Einfach, um das hier irgendwo festzuhalten.«

»Ich bin mir sicher, dass du es trotzdem niemals vergessen wirst, vielleicht sogar gerade deshalb.«

Er sollte recht behalten.

#18

Ein Moment, der Frauen noch immer voneinander trennt

Vier Frauen, ein Samstagnachmittag, ein Smartphone in der Mitte des Tisches. Die eine umklammerte es wie eine Rettungsleine, wir anderen beugten uns vor, die Augen auf den Bildschirm gerichtet. Angespannt, obwohl das, was wir sehen würden, weder eine Überraschung noch ein Geheimnis war. Mit jeder Bewegung ihres Fingers reihten sich die Screenshots dichter aneinander, wurden zu einer visuellen Chronik ihres jüngsten Liebeskummers.

»Hast du ihn konfrontiert?«, fragte ich in die Stille am Tisch.

Anna schüttelte den Kopf. »Ich hab ihn blockiert. Ich brauche keine weiteren Ausreden.« Sie klang trotzig, fast stark genug, um es wirklich so zu meinen.

»Gut so«, antwortete Svenja. Wir nickten, wussten nicht, was wir noch sagen könnten, waren nicht so aufgebracht wie beim ersten Mal, nicht so wütend wie beim zweiten. Wir hatten es kommen sehen und es ihr trotzdem nicht gewünscht. Anna suchte sich die falschen Männer aus. Das klang wie eine leere Phrase, war aber die Wahrheit. Ihr Muster? Immer gleich. Sie flirtete mit Männern, die eigentlich nicht zu haben waren, ignorierte nicht nur diese erste, sondern konsequent alle roten Flaggen, alle schlechten Ausreden.

Annas letzter Freund hieß Jonas, wobei Jonas eher ein Sammelbegriff als ein Name war. Jonas war ein Ass, wenn es darum ging, die Schuld abzuschieben, vor allem auf Frauen. Jede Kritik war eigentlich nur ein feiger Angriff, ein Versuch, ihn bloßzustellen. Jedes zerstrittene Wochenende nur ein Ergebnis ihrer eigenen Uneinsichtigkeit.

Er verstand es hervorragend, Anna an ihrer eigenen Vernunft zweifeln zu lassen, unterstellte ihr so lange subtil, dass sie diejenige war, die sich irrte oder die Dinge aus einem falschen Blickwinkel sah, bis sie ihm schließlich zustimmte. Generell diktierte er die Beziehung, die Zuneigung oder Distanz, überhäufte sie an einem Tag mit Liebe und entzog sie am nächsten Tag wieder. Wann immer ein Streit wirklich hochkochte, drohte Jonas, die Beziehung zu beenden, und tauchte tagelang ab.

Sein Telefon klebte praktisch an seiner Hand. Wann immer er es bei einem gemeinsamen Dinner mit Freunden am Tisch ablegte, dann mit dem Display nach unten. Selbst um eine kurze Nachricht zu beantworten, stand er auf. Er war ein Profi im Absagen von Plänen in letzter Minute.

Seit ein paar Wochen arbeitete er plötzlich bis spät in die Nacht, nahm an unzähligen »Meetings« teil und wurde scheinbar zum größten Workaholic seines Büros. (Wer hätte gedacht, dass Excel-Tabellen so verlockend sein können?) Und dann waren da noch seine »neuen Freunde«. Er stellte sowohl Anna als auch uns eigentlich permanent eine Reihe von neuen Freunden vor, von denen keiner von uns je auch nur gehört hatte. Sie verschwanden genauso schnell und kommentarlos, wie sie auftauchten. Als Anna Jonas kennengelernt hatte, war auch sie *nur eine gute Freundin* gewesen. Erst später hatte er sich getrennt – und war noch am selben Abend in Annas Wohnung eingezogen.

Gestern Abend hatte Anna von einem anonymen Profil ein paar eindeutige Screenshots zugespielt bekommen. Jonas traf sich seit Längerem mit nicht nur einer, sondern gleich zwei anderen Frauen. Als Anna ihn konfrontierte, weinte, wütend wurde, Antworten wollte, packte er schweigend seine wenigen Sachen, hob abwehrend die Hände und sagte zum Abschied: »Wow, du machst mir Angst, du bist vollkommen hysterisch. Du willst offenbar, dass das hier vorbei ist, und denkst dir da irgendwelche Geschichten aus. Darauf hab ich keinen Bock, Anna, schade, dass es so enden muss.«

Nachdem die Tür ins Schloss gefallen war, hatte sie uns angerufen, zwölf Stunden später trafen wir uns bei ihr um die Ecke.

»Weißt du, was die Definition von Wahnsinn ist?«, hatte Svenja mir kurz vor unserem Treffen geschrieben. »Immer wieder die gleiche Entscheidung zu treffen, immer wieder das Gleiche zu tun und auf einen anderen Ausgang zu hoffen. Und genau das macht Anna.« Ich hatte nur geantwortet: »Lass uns später reden.« Aber ich stimmte ihr zu.

Nach der zweiten Tasse Kaffee wechseln wir zu einem Glas Wein. Auf Annas Bildschirm leuchtet zum dritten Mal der Anruf ihrer Schwester auf. »Ich glaub, ich muss mal rangehen«, sagt sie zögerlich, steht dann auf und setzt sich auf eine der freien Bänke, die vor dem Café stehen. Durch die Scheibe sehen wir sie gestikulieren, sich eine Zigarette anzünden. Eine ihrer Trennungsgewohnheiten.

»Fühlt sich das für noch irgendjemanden wie ein einziges Déjà-vu an?«, fragt Svenja in die Runde, in ihrer Stimme schwingt Frustration mit. »Ich meine, ist hier irgendjemand überrascht?« Svenja und ich tauschen wissende Blicke aus.

»Immer der gleiche Typ Mann, immer die gleiche Geschichte, immer fängt es *messy* an und endet mit einem gebrochenen Herzen. Es fühlt sich an, als wären wir in den letzten vier Jahren permanent dabei, zu beobachten, wie sie Beziehungen mit Männern führt, die sie nicht verdienen«, sage ich schließlich. »Sie ist so ein unglaublicher Mensch. Warum landet sie immer wieder bei diesen Idioten?«

»Es ist einfach ihr Selbstwertgefühl.« Svenja zuckt mit den Schultern. »Vielleicht glaubt sie tief im Inneren nicht, dass sie etwas Besseres verdient, und gibt sich deshalb mit Männern zufrieden, die sie schlecht behandeln. Vielleicht glaubt sie wirklich, dass Beziehungen so sein müssen. Dass es *messy* und schwer und ein ständiger Mix aus Schmerz und Streit und Versöhnung sein muss, damit es sich wie etwas Besonderes anfühlt.«

»Manchmal glaube ich, dass sie Liebe damit verwechselt, wie gut es sich anfühlt, wenn der Schmerz nachlässt.«

»Vielleicht braucht sie auch einfach das Drama«, unterbricht uns Jule. Es ist das erste Mal, dass sie überhaupt etwas sagt. »Sie liebt die Aufmerksamkeit, sie liebt den Nervenkitzel und die ständige Jagd. Sie liebt es, mit irgendeinem Typen gegen jede Vernunft durchzubrennen, und sie liebt es, dass wir uns, wann immer die nächste Beziehung in Flammen aufgeht, um sie scharen. Und wir spielen mit.« Sie atmet abfällig aus und schüttelt den Kopf.

»Ich habe nicht das Gefühl, dass ich mitspiele«, sage ich und spüre, wie sich die Stimmung anspannt.

»Weißt du, was das eigentliche Problem ist?«, fährt Jule unbeirrt fort. »Nicht Jonas, nicht sein Vorgänger, dessen Namen ich nicht einmal mehr weiß, nicht irgendeiner dieser Typen, sondern Anna. Sie ist diejenige, die mit vergebenen Männern schläft, sie ist diejenige, die generell mit einer Menge Männern schläft und sich dann jedes Mal wundert, dass sie nicht ernst genommen oder respektiert wird. Sie hat doch selbst Schuld. Das, was du ausstrahlst, ziehst du eben auch an. Und ich hab es ehrlich gesagt so satt, hier zu sitzen und so zu tun, als wäre sie das Opfer.« Am Tisch herrscht fassungsloses Schweigen.

»Es geht uns nichts an, mit wem Anna zusammen ist oder wie viele Partner sie schon hatte. Das ist für niemanden eine Entschuldigung, sie schlecht zu behandeln«, antworte ich kalt.

»Moment, habt ihr nicht gerade genau das gesagt? Dass es ihre Schuld ist, dass es ermüdend ist, dass sie sich einfach permanent in die gleichen sinnlosen Geschichten verrennt?«

»Ich gebe zu, dass ich frustriert bin, ja. Ich glaube, wir alle sind das. Ich mache mir Sorgen um meine Freundin, ich fühle mich hilflos. Aber du klingst – einfach feindselig«, antworte ich.

»Ich bin nicht feindselig, ich bin einfach ehrlich. In Affären gibt es den Part, der es versucht, und es gibt den Part, der mitmacht. Und Anna ist diejenige, die immer mitmacht.«

»Ich sehe das anders. Es gibt denjenigen, der beschließt, seine Freundin zu betrügen. Punkt. Anna hat keinerlei Verantwortung gegenüber einer anderen Beziehung. Lediglich gegenüber sich selbst. Und nur darum geht es uns.«

Jule schüttelt energisch den Kopf. »Sie selbst legt ihren Wert mit ihrem Verhalten fest. Sie braucht sich nicht zu wundern, wenn Männer sie respektlos behandeln. Sie gibt ihnen ja die Erlaubnis, von Anfang an. Andere Beziehungen haben keinen Wert, Sex hat keinen Wert.«

»Das ist nicht fair, Jule!« Svenja unterbricht sie und zieht die Augenbrauen zusammen. »Wir sind hier, um Anna zu unterstützen. Nicht, um sie niederzumachen.«

Der Raum schien sich zu teilen, und ich spürte, wie sich zwischen uns eine Kluft bildete. Es handelte sich nicht nur um eine Meinungsverschiedenheit, sondern um ein krasses Beispiel für Frauenfeindlichkeit in unserem eigenen Freundeskreis. Jules Worte verkörperten eine Form von verinnerlichter Misogynie, die immer noch zu viele Frauen in sich tragen. Und in diesem Moment wurden sie für mich zu einem hässlichen Reminder: dass Sexismus und Slutshaming nicht nur von Männern ausgeht, sondern auch in Frauen lauert – in Frauen meiner Generation, in meinem Umfeld. Manchmal getarnt als harmloses Geplänkel oder gut gemeinter Rat, manchmal unübersehbar.

Plötzlich fand ich mich in der Rolle der Naiven wieder. Wieder einmal war ich schockiert davon, wie nah der Sexismus uns noch immer kam, wie tief verwurzelt und giftig er in uns saß. Warum war ich immer noch von internalisierter Misogynie überrascht, als ob sie ein Relikt der Vergangenheit wäre und nicht hinter jeder Ecke lauerte? Dieser Moment mit Jule war kein Einzelfall.

Ich neige dazu, es zu verdrängen, weil es mich so wütend macht, und ich weigere mich stur, eine Welt zu akzeptieren, in der dieses Mindset immer noch so weit verbreitet ist, auch bei Frauen. Aber in Wahrheit ... fühlt es sich manchmal an, als könnte es nicht gelöscht und endlich verbrannt werden. Als wäre es unsterblich, und wann immer eine Generation von Frauen müde wird, es zu bekämpfen, wurzelt es wieder.

Ich denke an die eine Party im Sommer. Als die Sonne unterging und die Musik dröhnte, tanzten wir barfuß im Sand. Die Atmosphäre war ausgelassen, ein Unbekannter zog mich an sich, sah mich kurz an, der Moment passte. Er küsste mich, ich erwiderte den Kuss, den Rest der Nacht verbrachten wir in seiner

Wohnung. Als wir gemeinsam vom Gelände liefen und ich mich noch schnell von meiner Freundin verabschiedete, waren das verurteilende Geflüster und die missbilligenden Blicke einiger anderer Frauen in unserer Gruppe unüberhörbar, unübersehbar.

An einem meiner früheren Arbeitsplätze hörte ich zufällig ein Gespräch unter Kollegen über eine Kollegin – Mia. Einer der Kollegen hatte sie auf Tinder gefunden und nahm das zum Anlass, sich zu fragen, »wie nötig« Mia es offenbar haben musste. Eine Kollegin stimmte ihm zu, stempelte sie als »leichtgläubig« und »verzweifelt nach Aufmerksamkeit suchend« ab. Ich fragte meinen Kollegen damals, was er denn auf Tinder suche, wenn er das alles für so verzweifelt hielt. Er grinste. »Frauen wie Mia halt.«

Als Mia ein halbes Jahr später befördert wurde, kommentierte jene Kollegin: »Wer solche Outfits trägt, hat offensichtlich so seine Vorteile.«

Ich kenne viele Frauen, die Bilder ihres Körpers im Internet zeigen, die Ästhetik weiblicher Formen mögen. Ich zähle mich selbst zu ihnen. Anstatt die Autorität über unsere Körper zu respektieren, kommentieren andere Frauen und Männer mit abfälligen Bemerkungen und unterstellen uns, wir suchen Aufmerksamkeit oder erniedrigen uns selbst.

Ich denke an die Mütter, die die Körper ihrer eigenen Töchter immer wieder kritisieren, sie auf ihre Makel hinweisen, jede Gewichtszu- oder -abnahme, jedes Outfit als schmeichelnd oder unvorteilhaft bewerten und es für einen gut gemeinten Rat halten. Die dabei gar nicht bemerken, welchen Schaden sie anrichten.

Und dann ist da noch die verurteilende Elterngruppe. Als ich eine Freundin in die Grundschule ihres Sohnes begleitete, erlebte ich, wie eine andere Mutter meine Freundin auf ihr

Outfit ansprach. Sie trug eine Jeans und ein Tanktop. An jeder anderen Frau wäre dieses Top in Ordnung, aber an ihr würde es aufreizend wirken, ihre Brüste absichtlich betonen. Sie sei ein »schlechtes Beispiel« und wirke so, als hätte sie vor, »sich so einen neuen Ehemann auf einem Elternabend zu suchen«. Meine Freundin war nie verheiratet, aber seit Langem in einer Beziehung. Sie antwortete, dass ihre Brüste ein Teil ihres Körpers seien und nicht die Agenda dieses Abends. Sie erntete ein Schnauben von der anderen Frau und meinen Respekt für ihre Reaktion. Die verurteilende Atmosphäre in der Gruppe war dennoch erdrückend. Bis heute frage ich mich, warum Frauen das Bedürfnis haben, sich gegenseitig in ihrer Kleiderwahl zu kontrollieren.

Dieses toxische Narrativ, das Frauen, ihre Körper, ihre Sexualitäten und ihre Persönlichkeiten in einem ständigen Wettbewerb um die Aufmerksamkeit der Männer gegeneinander ausspielt, wird von Filmen und Medien bis hin zu alltäglichen Gesprächen aufrechterhalten.

Je länger ich darüber nachdenke, desto unbequemer nagt die Frage an mir: Sind es am Ende ebenjene frauenfeindlichen Stereotypen, die Anna und andere Frauen beeinflussen, sich eben jene falschen Männer auszusuchen? Haben sie das Bedürfnis, einen Mann von einer anderen Frau »wegzugewinnen«, um zu beweisen, dass sie »es wert« ist?

»Wenn du wirklich so fühlst, solltest du nicht hier sein«, höre ich Svenja sagen und werde aus meinen Gedanken gerissen.

Ich stimme ihr zu: »Anna braucht im Moment unsere Unterstützung, kein Urteil.«

Jule rollt mit den Augen, in ihrer Stimme liegt eine Müdigkeit, die ihre Frustration verrät. »Und das macht es besser? Sie zum Opfer zu erklären, obwohl sie selbst Schuld hat?«

»Sie hat aber nicht selbst Schuld. Ganz egal, welche falschen Entscheidungen Anna getroffen hat, sie hat es trotzdem nicht verdient, deshalb respektlos oder herablassend behandelt zu werden. Weder von Jonas – noch von dir«, sage ich.

»Glaubst du nicht, dass es einer Frau besser gehen könnte, wenn sie aufhören würde, der Gesellschaft, den Männern oder generell allen anderen die Schuld dafür zu geben, dass sie immer wieder mies behandelt wird, und stattdessen die Verantwortung für ihr eigenes Verhalten übernimmt? Jede Aktion bekommt eine Reaktion. Wer mit vergebenen Männern schläft, darf sich nicht beschweren, wenn er selbst betrogen wird. Das ist Karma. Und wer mit zu vielen Männern schläft, muss eben damit leben, dass er irgendwann nur noch als austauschbar wahrgenommen wird.«

»Wow«, sage ich und atme fassungslos aus. »Du glaubst wirklich daran, oder? Dass der Wert einer Frau von der Anzahl der Männer abhängt, mit denen sie geschlafen hat? Du bist wirklich gern ein Teil von diesem sexistischen Kreislauf aus Scham und Selbstzweifeln, die Frauen bloß klein und gehorsam halten sollen, oder?«

»Und du verwendest wirklich gern diese lehrbuchmäßigen feministischen Antworten in deinen Argumenten, oder?«, entgegnet sie in dem Moment, in dem Anna zurück durch die Tür kommt.

Ich verlasse das Café ein paar Stunden später mit den anderen – und einem dumpfen Gefühl im Magen. Unser Gespräch hat die hässliche Kluft aufgedeckt, die immer noch zwischen den Frauen besteht, wenn es darum geht, sich gegenseitig zu unterstützen und aufzurichten. Trotz aller Fortschritte, die wir gemacht haben, gibt es immer noch Menschen wie Jule, die an schädlichen Stereotypen und Urteilen festhalten. *Immer wenn eine Generation von Frauen müde wurde, ihn zu bekämpfen, wurzelte der Sexismus wieder,* denke ich noch einmal. Dann ziehe ich meine Jacke vor meinem Körper zusammen und hole den Abstand zu Jule, die ein paar Schritte vor mir läuft, auf.

»Jule, warte mal kurz«, sage ich.

»Lina, meine Bahn kommt gleich«, antwortet sie knapp und will mich abschütteln. Aber ich halte sie am Arm fest.

»Es dauert nur eine Minute. Ich weiß, dass du gerade selbst dabei bist, eine Trennung zu verarbeiten, und ich weiß, dass dein Freund dich betrogen hat. Und ich kann mir vorstellen, dass du wütend bist und dass du …«

»Lass gut sein, sag mir bitte nicht, wie ich mich fühle«, unterbricht sie mich schroff.

Ich straffe meine Schultern und sehe ihr in die Augen. »Okay. Dann lass mich nur das sagen: Du hast dich heute wie ein riesiges Arschloch verhalten. Du glaubst doch an Karma, oder? Alles das, was du selbst nach außen trägst, wird später in irgendeiner Form wieder auf dich zukommen. Und ich hoffe sehr, dass in dem Moment, in dem du selbst damit konfrontiert wirst, keine deiner Freundinnen dich jemals so abwertend behandeln wird, wie du heute deine eigene Freundin behandelt hast. Alles, was du heute geäußert hast, war Missgunst und Verurteilung. Anna hat keinen Grund, sich zu schämen – du schon.« Damit lasse ich sie stehen.

In einer Welt, in der Frauen die größten Fürsprecherinnen füreinander sein sollten, müssen wir uns dennoch mit der Frauenfeindlichkeit auseinandersetzen, die in unseren eigenen Köpfen und denen in unserer nächsten Nähe immer noch vorhanden ist.

Sei dir deiner Stimme bewusst und benutze sie, auch wenn sie zittert. Auch wenn es einfacher wäre, zu schweigen, auch wenn es bedeutet, eine Party zu ruinieren oder eine Freundschaft zu riskieren. Das bist du dir und anderen Frauen einfach schuldig.

#19

Momente voller roter Flaggen

Diese Sätze schon einmal gehört? Oder noch nie darüber nachgedacht, was sie Frauen eigentlich unterstellen? Hier kommen 14 Sätze, 14 tiefrote Flaggen und Momente, in denen uns vielleicht schon einmal die Worte gefehlt haben und wir eine Antwort gebraucht hätten.

1. »Ihr Frauen liebt es doch insgeheim, wenn jemand euch immer wieder Nachrichten schickt, obwohl ihr gesagt habt, dass ihr nicht interessiert seid.«
- »Nein heißt Nein, nicht: Streng dich an.«

2. »Warum wirst du so paranoid, wenn ein Mann nachts hinter dir läuft?«
- »Weil ich lieber nach Hause kommen möchte, anstatt Teil einer Statistik zu werden.«

3. »Warum soll es neuerdings ein Problem sein, wenn ich dir ein Kompliment zu deinem Körper mache? Sei doch einfach dankbar für die ehrliche Aufmerksamkeit.«

- »Meine Dankbarkeit ist für ehrliche Freundlichkeit reserviert, nicht für Objektifizierung.«

4. »Warum sind Frauen eigentlich immer so übermäßig emotional, wenn jemand einen angeblich sexistischen Witz macht? Entspannt euch mal!«
- »Wir sind dran. Entspannung ist fest eingeplant, direkt nach: Sexismus abschaffen!«

5. »Ist es nicht romantisch, wenn ein Typ uneingeladen vor deiner Wohnungstür auf dich wartet?«
- »Nein, das nennt man Hausfriedensbruch.«

6. »Was ist so schlimm an unaufgeforderten Dickpics? Lösch sie halt, und nichts passiert.«
- »Ignorieren, dann passiert nichts. Ist das dieselbe Logik wie die der CDU beim Thema Klimawandel?«

7. »Warum lächelst du nicht öfter? Du siehst hübscher aus, wenn du lächelst.«
- »Ich lächle zu meinen Bedingungen, nicht nach deinen Erwartungen.«

8. »Ist es jetzt eigentlich der Plan, die Männer zu stürzen, oder was soll dieser neue Feminismus?«
- »Beim Feminismus geht es um Gleichheit, nicht um Überlegenheit.«

9. »Ist es nicht schon ein bisschen niedlich, wenn ich mich darüber lustig mache, dass du bestimmte Dinge halt nicht kannst?«
- »O ja, denn nichts ist so ›niedlich‹ wie das Festhalten an frauenfeindlichen Stereotypen.«

10. »Sind Feministinnen nicht nur verbittert, weil sie keinen Mann finden?«
- »Ist das Eintreten für Gleichberechtigung denn deiner Meinung nach der todsichere Weg, um single zu bleiben?«

11. »Warum müssen wir neuerdings die ganze Zeit von Zustimmung und *consent* sprechen? Das ist so unsexy.«
- »Nichts ist sexyer als gegenseitiger Respekt.«

12. »Solltet ihr es nicht zu schätzen wissen, wenn wir euch die Dinge ›erklären‹?«
- »Danke, aber wir sind effizienter mit den ersten drei Hits auf Google.«

13. »Warum macht ihr so einen Wirbel um gleiche Bezahlung?«
- »Weil sie ein Grundrecht ist.«

14. »Was dürfen Männer eigentlich überhaupt noch?«
- »Zuhören, lernen und jeden mit Respekt behandeln - ist ziemlich befreiend.«

#20

Ein Moment der Eifersucht

Es war kurz nach Mitternacht, als ich die Tür zu meinem Hotelzimmer aufschloss, meine Handtasche und die Sandalen, die ich in der Hand hatte, auf den Sessel im Flur und mich auf das große Doppelbett fallen ließ. In meinem Kopf drehten sich die letzten 24 Stunden, die Emotionen und vielleicht ein paar Gläser Champagner. Meine beste Freundin war verlobt. Mit dem so ziemlich besten Mann, den ich mir selbst hätte für sie ausdenken können. Gemeinsam mit Freunden und der Familie hatten wir die beiden den ganzen Tag über gefeiert, hatten angestoßen, uns umarmt, ein paar spontane Reden gehalten, getanzt, viel gelacht und die Euphorie über dieses neue Kapitel voller Liebe geteilt. (Ich glaube ja: In Deutschland heiraten die Menschen, weil sie etwas absichern wollen, das sie schon kennen oder haben. In Südafrika heiraten Paare, weil sie gemeinsam etwas beginnen wollen. Und vielleicht ist das der Unterschied und der Grund dafür, warum eine Verlobung hier so viel wilder und größer gefeiert wird.)

Jetzt hörte ich den Wellen vor meinem Fenster zu, die sich mit dem Klingeln in meinen Ohren zu einem weißen Rauschen vermischten. Neben mir vibrierte mein Handy. Ich tastete danach, entsperrte den Bildschirm und scrollte lächelnd durch die geposteten Storyslides, in denen ich verlinkt war. Die kurzen Snippets wirkten wie die verwackelten, übermütigen

Zeugnisse eines Tages, der sich jetzt schon wie eine der besten Erinnerungen des Jahres anfühlte. Ich repostete sie, danach schlief ich ein.

Ich wache mit dem ersten Tageslicht auf, zwinge mich dazu, die Augen noch einen Moment länger geschlossen zu halten, mich noch ein bisschen länger auszuruhen, bevor ich mich mit dem Pochen in meinem Kopf und meiner trockenen Kehle auseinandersetzen muss, aber es hilft nichts: Meine innere Uhr ist stärker. Seit Jahren stehe ich mit den ersten Sonnenstrahlen auf, daran ändert auch ein mittlerer Kater nichts. Ich rolle mich auf die Seite, strecke meinen Arm nach dem Bademantel aus, der vor meinem Bett liegt, und schlüpfe hinein, bevor ich mir ein Glas Wasser einschenke und es in einem Zug leere. Ich suche in meiner Reisetasche nach der Packung Aspirin, finde sie und will mir gerade eine der Tabletten aus dem Blister drücken, als ich die leise Vibration unter meinem Kopfkissen höre. Als ich nach meinem Handy greife, sehe ich ihren Namen auf dem Bildschirm. Ich weiß genau, warum sie anruft – und welches Gespräch vermutlich auf mich wartet.

Seit mehr als acht Jahren waren Emma und ich die engsten Freundinnen, vom ersten Moment an. Zwei Seelen, die irgendwie klickten, die beide nicht genau wussten, wohin sie eigentlich gehörten. Aber die sofort spürten, dass es sich gut beieinander anfühlte. Die längste Zeit unserer Freundschaft hatten wir beinahe alles geteilt, jeden Gedanken, jede noch so wilde Idee, jeden Traum, jede Angst, jeden Zweifel, jedes Geheimnis. Sie verstand mich manchmal besser als ich mich selbst, ich war oftmals ihre Stimme, wenn ihr selbst die Worte fehlten. Bis vor Kurzem hatte kein Blatt zwischen uns gepasst – obwohl uns jetzt immer wieder ein Ozean und vielleicht auch unser Lebensweg trennte. Als sie schwanger wurde, konnte keine von uns sich auch nur vorstellen, dass sich irgendetwas zwischen uns verändern würde. Als ich zum ersten Mal ein paar Monate hier verbrachte, glaubte keine von uns daran, dass ich irgendwann wirklich vorhaben würde, hierherzuziehen. Die Distanz zwischen uns schlich sich langsam an, die täglichen Voicenotes wurden zu wöchentlichen Updates. Statt unsere Gedanken zu teilen, berichteten wir uns voneinander, arbeiteten uns durch Neuigkeiten wie alte, aber nicht wie enge Freunde. Am Anfang schoben wir es darauf, dass sie wenig schlief und ich so weit weg war. Später versprachen wir uns, dass es nur eine Phase war, dass wir uns nur daran gewöhnen mussten, dass wir gerade nicht nur Tausende Kilometer voneinander entfernt, sondern beinahe getrennte Leben lebten. Was guttat, was uns immer wieder verband, war das Vermissen. Es ist ein schönes Gefühl, wenn du jemandem fehlst, auch wenn es ein schweres Gefühl ist, dass dir jemand fehlt. Aber irgendwann reicht auch das nicht mehr aus.

Als ich ihr erzählte, dass ich am ersten Geburtstag ihres Kindes nicht in Hamburg, sondern in Südafrika sein würde, wirkte sie entspannt. Ein bisschen enttäuscht vielleicht, dass sich unsere Pläne einmal mehr kreuzten, aber ihre Umarmung vor dem Abflug wirkte ehrlich und war genauso fest wie sonst auch. Als ich nach zwölf Stunden in der Luft landete und mein Handy wieder einschaltete, war das Erste, was mich erreichte, ihre geballte Enttäuschung. »Ich wollte ja eigentlich nichts sagen. Aber ich kann nicht glauben, dass du lieber nach Südafrika fliegst, als diesen Geburtstag mit mir zu erleben.«

Ich wollte ja eigentlich nichts sagen. So begannen viele dieser Nachrichten, die sie mir in den nächsten Monaten schrieb. So begann sie auch fast all unsere Gespräche, die wir danach führten, um ihre Nachrichten aufzuarbeiten. Und fügte dann noch hinzu: *Und jetzt, wo ich es geschrieben habe, ist es ja auch irgendwie gesagt, und wir brauchen gar nicht groß drüber reden.* Wann immer ich Zeit mit ihr verbringen konnte, fühlte ich mich ihr wieder nah, saugte die vertraute Leichtigkeit auf, von der ich glaubte, dass es genau die war, die wir brauchten. Ob es ihr genauso ging, erfuhr ich immer erst, wenn ich wieder weg war. Irgendwann erkannte ich ein Muster. Ihre Gedanken sandte sie mir immer dann hinterher, wenn gerade genug Kilometer zwischen uns lagen. Oder – und dieses Muster zu erkennen, tat weh – wenn ich etwas Schönes erlebte – ohne sie. Als ich nach einem durchtanzten Festivaltag meine Haustür erreichte, als ich mit Maggs für ein Wochenende an die Westküste fuhr, als ich mit neuen Freunden durch die Bars zog und ein Gruppenselfie Social Media erreichte, als ich endlich meinen ersten Buchdeal bekam und darauf in Kapstadt am Strand anstieß, als ich mich auf einen Solotrip nach Athen freute und gerade am Gate saß. Und jetzt also nach der Verlobungsparty von Maggs. Es war unübersehbar, was Emma wirklich fühlte, dennoch wollte ich es noch immer nicht wahrhaben, gar nicht darüber nachdenken.

»Hey«, sage ich, halte mir das Handy ans Ohr und lasse mich zurück ins Bett fallen.

»Hey, hast du einen Moment?«, fragt sie.

Ich schließe die Augen, massiere mir die Stirn und antworte: »Klar, was ist denn los?«

»Ich glaube, mir ist gestern Abend etwas klar geworden, das ich eigentlich schon lange weiß. Ich glaube, das mit unserer Freundschaft funktioniert einfach nicht mehr.«

Sie wartet meine Reaktion ab, rechnet vielleicht mit Schock oder Unverständnis. Aber dafür fühlt es sich zu routiniert an. Emma wirft eine Enttäuschung, eine intensive Reaktion oder einfach ein drohendes Ende zwischen uns, ich bin diejenige, die es danach Schritt für Schritt entschärft, sich Zentimeter für Zentimeter an das eigentliche Problem herantastet. Aber gerade bin ich zu müde.

»Okay«, antworte ich, warte ab.

»Okay? Ist das deine Antwort?«

»Ich glaube, du hast recht«, sage ich. Und fühle mich erleichtert.

»Ich fasse es nicht«, antwortet sie, und ich kann die Wut in ihrer Stimme förmlich vibrieren hören. Normalerweise würde ich jetzt zurückschrecken, keinen Streit mit meiner Freundin riskieren wollen, mit der die guten Momente gerade sowieso schon so rar sind. Normalerweise hätte ich zu viel Angst, uns über eine Grenze zu schubsen. Aber vielleicht ist es genau das, was wir brauchen: endlich ein direkter Austausch von Gefühlen, die jetzt gerade real sind.

»Emma, warum ist dir das ausgerechnet gestern Abend klar geworden? Warum rufst du genau jetzt an?«

»Was meinst du?«

»Hat es irgendetwas damit zu tun, dass Maggs sich gestern verlobt hat?« Als sie nicht antwortet, rechne ich fast damit, dass sie auflegt.

»Vielleicht«, sagt sie dann. »Vielleicht hab ich genau das sehen müssen, um zu verstehen, wie wenig eigentlich noch von unserer Freundschaft übrig ist. Und dass du ein vollkommen neues Leben führst, in dem ich keine Rolle mehr spiele.«

»Weil ich die Verlobung meiner Freundin feiere? Weil ich mich für sie freue?«

»Weil sie meinen Platz eingenommen hat und du so tust, als wäre das kein großes Ding. Alles, was wir früher geteilt haben, teilst du jetzt mit ihr. Die Partys, die Festivals, die Wochenenden am Meer. Das war immer unser Ding.«

»Es war doch aber nie *nur* unser Ding. Du bist doch auch immer wieder mit anderen Freunden unterwegs, fährst mit deinen Mädels hoch an die Ostseeküste, picknickst im Stadtpark, genießt den Sommer an der Elbe oder tanzt auf Konzerten. Das war in all den Jahren immer vollkommen normal. Und das ist es ja auch.«

»Manchmal habe ich das Gefühl, dass dein Leben so groß geworden ist, dass ich nur noch eine kleine Rolle darin spiele. Dass ich ein Zuschauer bin, der dir dabei zuguckt, wie du dich selbst glücklich machst. Als hättest du die ganze Zeit nach deinem Platz auf der Welt gesucht und ihn gefunden.«

»Und das ist etwas Schlechtes?« Ich kann kaum glauben, was ich höre.

»Nein, aber das macht mir jeden Tag wieder klar, dass ich nur eine Zwischenstation war. Und jetzt, wo du dieses so viel buntere Leben mit all diesen neuen Menschen hast, brauchst du mich nicht mehr.« Ich atme tief durch. Wappne mich für den nächsten Satz. »Aber ist ja auch klar. Ich bin eben jetzt Mutter.«

»Oh mein Gott«, antworte ich und schlage mir die Hand vors Gesicht. Es fällt mir schwer, den Frust zu unterdrücken, der jetzt unweigerlich in mir aufsteigt.

»Oh mein Gott was?«, fragt sie provoziert.

»Oh mein Gott, ich ertrage es nicht mehr!«, sage ich wütend und lasse den Ärger, den ich in jeder Faser spüre, endlich zu. »Diese absurde Perspektive, in der du als Freundin ohne Kind entweder dein Leben pausierst oder aber an das deiner Freundin, die gerade Mutter geworden ist, anpasst, um noch ein Teil von ihrem sein zu dürfen. Hast du jemals von mir gehört, dass ich das Gefühl habe, kein Teil deines Lebens mehr zu sein? Dass ich mich unbedeutend fühle, jetzt, wo du einen Mann hast, ein Baby, eine Familie? Dass ich verunsichert davon bin, weil du so schnell deinen Platz auf dieser Welt gefunden hast und ich noch immer dabei bin, nach ihm zu suchen? Nein. Weißt du eigentlich, wie sich das anfühlt, dass du mir seit Monaten unterschwellig vorwirfst, dass ich mein Leben genießen würde, um dich zu verletzen? Dass ich dich irgendwo zurücklassen würde?«

»Aber das ist doch genau das, was passiert.«

»Warum fühlst du dich zurückgelassen, wenn ich glücklich bin? Warum bist du nicht einfach ein Teil davon? Du bist diejenige, die sich herauszieht, die mich am Morgen nach der Verlobungsparty meiner Freundin anruft und es für den einzig richtigen Moment hält, um das Ende unserer Freundschaft zu besprechen.«

»Ja, vielleicht, weil ich eifersüchtig bin, okay?« Da war er, der wunde Punkt. »Du lebst auf einmal deinen Traum am anderen Ende der Welt, bist dabei, auszuwandern, schreibst dein Buch, lernst neue Menschen kennen, hast ständig ein neues Dates. Du hast alles, was du willst.«

»Und du nicht?«, unterbreche ich sie.

Aber sie weicht meiner Frage aus: »Du hast da drüben in Kapstadt jetzt dieses schillernde Leben. Und ich bin dafür einfach nicht mehr gut genug.«

»Nein. Das lasse ich nicht gelten, Emma. Nicht ich habe entschieden, dass du mir nicht mehr wichtig bist. Du hast entschieden, dass du dich nicht mehr gut genug für mich fühlst. Und ich habe in den letzten Monaten immer wieder versucht, dir dieses Gefühl zu nehmen, aber ich kann es nicht. Und ich sollte es auch nicht. In dem Moment, in dem es dir wehtut, dass ich glücklich bin – tun wir uns einfach nicht mehr gut.«

»Du hast recht«, antwortet sie. Ihre Stimme klingt matt, aber ehrlich. »Es tut mir nicht gut, dir dabei zuzusehen, wie du ein Leben lebst, dass ich auch irgendwann mal gewollt habe. Ich weiß, ich sollte und dürfte nicht eifersüchtig sein, aber ich bin es. Und ich kann es nicht ändern. Du bist einfach jemand, der seine Träume unbedingt wahr machen will. Wenn du etwas willst, verfolgst du es unerbittlich, und wenn es nicht klappt, dann rappelst du dich wieder auf. Ich habe das schon immer an dir bewundert, dich dafür beneidet. Denn ich bin einfach nicht so. Ich fühle mich oft vor Angst gelähmt und bin nicht in der Lage, den Sprung ins Ungewisse zu wagen oder mich überhaupt zu entscheiden. Und darum bist du eben dort, wo du gerade bist. Und ich bin hier.«

»Es tut mir weh, dass ich der Grund dafür bin, dass du immer wieder enttäuscht bist. Ich weiß nicht, ob von mir oder von dir. Ich weiß nur, dass ich dich seit Monaten traurig mache«, sage ich leise.

Emma hatte Angst, dass ihr Platz in meiner Welt unbedeutend geworden war, ich hatte das Gefühl, dass meine Rolle in ihrem Leben mir zu schwer wurde. Unsere Freundschaft war über Jahre eine gemeinsame Quelle für Stärke, für Verständnis und Vertrauen gewesen. Ein Ort, an dem wir uns beide sicher und aufgehoben fühlten. Alles, was sie jetzt noch spiegelte, waren unsere Unterschiede. Während ich Emma motivierte, einen neuen Job anzunehmen, ihre eigene Stimme viel lauter zu nutzen, nicht so zu leben, wie sie dachte, dass sie es sollte – sondern *wollte* –, fand sie es zunehmend schmerzhaft, meine

Erfolge zu sehen. Aber ihre Eifersucht war nicht aus Bosheit, sondern aus tiefsten Selbstzweifeln entstanden. Ich habe Eifersucht immer als einen Boten betrachtet. Schmerzhaft – aber ehrlich. Sie deckt auf, was wir uns wünschen, und zeigt uns, in welchen Bereichen unseres Lebens wir unglücklich sind, was uns fehlt, wovon wir nicht genug haben, wo wir feststecken. Es ist ein befreiendes Gefühl, sich ihr direkt zu stellen und sie als Katalysator zu nutzen. Sie nicht zum Feind, sondern zum Teil unseres Wachstums zu machen. Vielleicht hatte Emma gerade nicht die Kraft, ihre Eifersucht zu einer Veränderung zu machen – vielleicht veränderte die Eifersucht sie.

»Vielleicht sind wir an einem Punkt angekommen, an dem wir uns beide noch immer auf keinen Fall verlieren wollen, aber auch nicht mehr glücklich machen. Vielleicht brauchen wir einfach ein bisschen Abstand«, sage ich. Das Gefühl von Müdigkeit und Erschöpfung ist frischem Schmerz gewichen.

»Das kann ich nicht. Ich bin nicht gut darin, Freunde zu bleiben.«

Als ich später in den Frühstücksraum laufe, sitzt Maggs als eine der Ersten schon an einem der Tische direkt am Wasser.

»Guten Morgen«, sage ich und schenke mir einen Kaffee ein. »Das ist ungewöhnlich, was machst du allein hier unten? Und dann auch noch so früh?«

»Ich konnte nicht mehr schlafen«, sagt sie und grinst. »Zu aufgeregt!« Sie streicht mit dem Daumen über ihren Ringfinger. Ich muss lachen, dann verziehe ich das Gesicht. »Kater?«, fragt sie und gießt mir zusätzlich noch einen Orangensaft ein.

»Ja. Und dann noch – Emma«, antworte ich.

»*Ouch*. Ehrlich? Hat sie dir wieder eine Nachricht geschrieben?«

»Mich angerufen.«

»Okay, das ist neu.«

Ich nicke.

»Und?«

»Ich glaube, es ist das letzte Mal für eine lange Zeit, dass wir miteinander gesprochen haben. Ich glaube, wir … haben es beide hinter uns.«

»Bist du sicher?«

»Ja. Emma war noch nie gut darin, zu streiten oder mit Abstand umzugehen. Auch in ihren anderen Beziehungen nicht. Entweder du bist ihr nah oder du bist Vergangenheit. Sie ist der Schwarz-oder-Weiß-Typ. Sie ist entweder ganz drin oder vollkommen raus.«

»Und wie geht's dir damit?«

»Hmm. Ich glaube, ich bin erleichtert. Ein bisschen wie nach einer Trennung, die überfällig war. Ich liebe Emma, und ich bin mir sicher, Emma liebt mich, aber wir haben es uns schon seit einer Weile nur noch gegenseitig schwer gemacht. Ich denke nicht, dass es dafür gerade eine Lösung gibt. Und so surreal, wie es ich anfühlt, glaube ich, dass wir schon in unserer Freundschaft zu Fremden geworden sind. Heute haben wir es nur zum ersten Mal zur genau gleichen Zeit fühlen und sagen können.« Die letzten Worte bleiben mir im Hals stecken, und ich versuche, sie herunterzuschlucken.

Maggs nimmt meine Hand über den Tisch. Ich nicke, wische mir mit dem Fingerknöchel die Tränen weg, die sich durchgekämpft haben, dann atme ich tief durch und lächle sie an.

»Genug von meinem Ende, lass uns über deinen Anfang sprechen.«

#21

Ein Moment mit einem Geist

Angeblich hat ihn jeder von uns - irgendwo vergraben, nie ganz vergessen.

Jemanden, der nie geblieben, aber uns aus irgendeinem Grund so sehr unter die Haut gegangen ist, dass wir ihn niemals ganz loslassen können. Jemand, der irgendwie immer in der Nähe des eigenen Selbstzerstörungsknopfes lauert, zu dem wir Abstand halten müssen. Denn wenn wir ihm auch nur einen Moment lang wieder zu nah kommen, könnten wir unseren Verstand, unser Rückgrat, vielleicht sogar wieder unser Herz verlieren. Erst kickt es, dann bricht es. Manche Menschen nennen das Kryptonit. Andere glauben an diesen einen Geist, der uns immer wieder findet.

Ein halbes Jahr sehen wir uns, treffen uns, schlafen miteinander, beieinander, hören jeden Tag voneinander. Ich brauche nicht lang, um mich in ihn zu verlieben. Und dann fast zwei Jahre, um ihn loszulassen. Gustav. Vielleicht die schönste, tiefste Seele, die ich je an meine lasse. Und gleichzeitig die komplizierteste, unbeständigste. Eine, die ständig auf der Suche nach einem Zuhause ist, nur um es dann zu hassen und wieder einzureißen. Einmal schreibe ich ihm, wir seien wie ein frisches

Streichholz: flammen kurz auf, brennen dann ab, und alles, was bleibt, verwischt sich von selbst. Jedes Mal, wenn ich eines benutze, muss ich an uns denken. Gustav und ich enden nicht, er verschwindet einfach. Ohne Worte, ohne Vorwarnung, bis nur noch sein Geist übrig bleibt, die leere Tabakpackung und der Pullover, den er irgendwann bei mir vergessen hat. Die ersten Wochen schlafe ich jede Nacht darin, will wenigstens seinen Geruch festhalten.

Immer wieder scrolle ich durch die Bilder, die Nachrichten, die virtuellen Beweise, dass es ihn wirklich gibt. Nach ein paar Monaten denke ich nicht mehr jeden Tag an ihn – und trotzdem so oft. Manchmal macht es mir Angst, wie schnell aus eben noch so intensiv gelebten Momenten auf einmal verblasste Erinnerungen werden, manchmal wünsche ich mir, sie würden sich einfach auflösen. Und irgendwann glaube ich sogar, dass die meisten von ihnen tatsächlich irgendwann verfliegen. Dass ich irgendwann gar nicht mehr so genau weiß, was ich gefühlt, gedacht habe, wie er gerochen, geklungen, sich angefühlt hat.

Bis er ein Jahr später vor meiner Tür steht. Einfach so, einfach nur »Hi, na?« sagt und mich anlächelt – und es reicht, es ist gerade genug, sein Geruch, sein Gesicht, seine Stimme sind gerade nah genug, um real zu sein. Um all die Erinnerungen, die mit der Zeit an Kraft und Kontrast verloren haben, wieder in den schönsten Farben aufglühen zu lassen. Gustav nichts zu fragen, sondern ihn einfach nur wieder zu küssen, fühlt sich an, als würde ich mir selbst Schmerz zufügen und noch im selben Moment wieder nehmen. Wieder mit ihm zu schlafen, ist wie die perfekte Flucht vor der Realität, von der ich genau weiß, dass sie kommen wird.

Als er sich zum zweiten, später zum dritten Mal in Luft auflöst, bin ich nicht überrascht. Ich weiß längst, dass ich ihn nicht haben kann. Aber jetzt weiß ich auch, dass er vielleicht doch nie ganz weg ist. Es sei denn, ich will es so.

Ich glaube nicht an Geister und auch nicht an Kryptonit. Ich glaube nicht an ihre Macht über uns, ich glaube nur an unsere eigene Schwäche. Wir halten an Unglück fest, weil wir glauben, dass großer Schmerz für große Liebe steht. Wir wollen so unbedingt die Menschen haben, die nicht zu haben sind, weil wir uns so sehr davor fürchten, wie sich Liebe eigentlich anfühlt, wenn sie neben uns aufwacht, statt von uns gejagt zu werden. Glück muss kicken, darf sich bloß nicht setzen, muss ein Extrem bleiben, damit es sich lebendig anfühlt. Wir fantasieren uns dieses Kryptonit zusammen, wir beschwören unsere Geister herauf, wir bewegen uns in ihrer Nähe. Vielleicht weil wir süchtig nach dem Thrill sind oder weil es sich so gut, so viel besser als alles andere anfühlt, wenn der Schmerz wieder nachlässt. Vielleicht weil das, was wir haben, uns nicht genug ist, weil wir einsam sind, weil uns unser Kryptonit an eine Zeit erinnert, die nie wieder zurückkommt. An eine Version von uns, die wir längst nicht mehr sind und manchmal doch vermissen.

Vielleicht weil ein großer Teil von uns nicht aufhören kann, zu genießen, wie gut es sich anfühlt, wenn uns jemand – und sei es auch nur für einen Moment – unbedingt haben will. Vielleicht weil wir etwas, das so instabil ist, zwar nie mehr reparieren werden, aber auch kein Fehler es noch kaputter machen könnte.

Was es auch ist – es ist keine magische Fernsteuerung, kein Kryptonit, das mir den Willen raubt, keine fremde Macht über mich. Es ist Absicht. Ich küsse Gustav nicht, weil ich nicht anders kann, sondern weil ich es unbedingt will. Weil diese geborgten Momente auf Zeit mit diesem einen Menschen, der sich jederzeit wieder vor meinen Augen in nichts auflösen könnte, sich so viel besser anfühlen als die Wahrheit, als die Realität, in der ich weiß, dass wir niemals das Gleiche wollen oder fühlen werden. Niemals zum gleichen Zeitpunkt.

Es ist nicht er, der aufhören muss, immer wieder an mir zu zerren oder nach Mitternacht meine Klingel zu suchen. Ich bin es, die ihn auch einfach ignorieren und die Tür nicht öffnen kann.

Und als es irgendwann so weit ist, als ich endlich weiß, was ich nicht will, fällt es nicht einmal schwer.

»Hi, na?«, sagt er. Er macht einen Schritt auf mich zu, ich bleibe im Türrahmen stehen.

»Kann ich reinkommen?«

Ich antworte nicht.

»Soll ich gehen?«

Ich antworte nicht.

»Okay.«

Ich lächle ihn an. »Okay«, antworte ich.

Schon verrückt, dass das, was einen anderen Menschen für uns so unersetzbar macht – wir selbst sind. Es ist unsere Zuneigung, unsere Sehnsucht, unsere Liebe. In dem Moment, in dem wir ihm all das entziehen, wird er gewöhnlich.

Ob ich ihn trotzdem noch manchmal vermissen werde? Sicher. Vermutlich am meisten meine eigene Erinnerung an ihn.

Ob wir uns noch einmal wiedersehen? Bestimmt nicht.

Und das ist okay. Weil ich mich daran erinnert habe, dass es da draußen mehr gibt als das bisschen, was wir nur manchmal haben können. Und weil ich mich nach dem, was ich noch nicht gefunden habe, gerade so viel mehr sehne als nach dem, was immer gleich bleibt. Weil ich bereit bin, aufzubrechen - ohne Gepäck, ohne Gewicht, ohne meine Geister.

#22

Ein kleiner Moment

Welche 30 Frauen haben dein Leben beeinflusst? Wer hat dich geprägt? Wer hat dich berührt? Wer hat dich aufgefangen oder aufgehalten? Wer war für dich da – wen hast du getroffen?

Ich stelle diese Fragen in meinem letzten Buch *30 Women* und erzähle gleichzeitig von Frauen, die meinen Weg begleitet haben. Ich glaube nämlich nicht daran, dass es *der Eine* ist, der unser Leben so maßgeblich beeinflusst. Ich glaube nicht, dass es die Beziehung zu einem Mann oder generell romantische Beziehungen sind, die uns prägen. Ich glaube nicht, dass unser Leben erst in dem Moment anfängt oder den richtigen Weg einschlägt, in dem wir ihn mit einem Partner gehen. Ich glaube, dass wir von all den Frauen beeinflusst werden, mit denen wir uns umgeben. Unsere Mütter, unsere Omas und Schwestern, Freundinnen, Frenemies, Lehrerinnen, Chefinnen, Frauen, mit denen wir Interessen teilen. Frauen, bei denen wir anecken oder mit denen wir uns vergleichen, Frauen, die uns herausfordern oder manchmal den Rücken stärken. Frauen, die uns inspirieren. Wir sind eine Schnittmenge aus so vielen weiblichen Einflüssen und Energien. Und so fragte ich mich und meine Leser in einem der letzten Kapitel: »Wer sind die Frauen, die euch beeinflussen? Mit wem umgebt ihr euch, und welche Werte geben sie euch mit? Sind sie ehrlich zu euch? Sind sie gut zu euch? Inspirieren sie euch?« Ich ließ Platz für eine Liste, um sie mit abermals 30 Frauen zu füllen, als Raum für ein bisschen Reflexion. Wer sind meine 30? Wer beeinflusst mich? Wer sind die Frauen, die mich oder etwas in mir bewegt haben? (Auf welche Art auch immer.)

Ich habe diese Fragen gerade in den letzten Jahren auch immer wieder umgedreht: Wer will ich sein? Wer will ich für eine andere Frau sein?

Es ist ein Donnerstagabend, es ist noch nicht einmal 18:00 Uhr, aber ich habe ein Glas Rotwein bestellt. Es war keine gute Woche, nicht beruflich, nicht persönlich, einfach gar nicht. Seit Tagen quält mich eine Schreibblockade, meine Lektorin drängt, meine Gefühle stapeln sich, und trotzdem bringe ich sie nicht auf Papier. Das ist das Problem daran, wenn du ein Buch über deine eigenen Erfahrungen und nicht einfach Fiktion schreibst. Du gehst jedes einzelne Mal auch zurück an die Orte und Momente, die dir noch einmal Angst machen, die du eigentlich vergessen wolltest, in denen du dich unsicher oder einfach nur ungenügend gefühlt hast. Es reicht nicht aus, einfach nur über die bequeme Wahrheit zu schreiben. Wenn du wirklich ein gutes Kapitel schreiben willst, kannst du nicht einfach nur von der Oberfläche erzählen. Du musst tiefer gehen. Und gerade kann ich es nicht. Ich stehe mir selbst im Weg. Lasse mich ablenken, lasse die Außenwelt an meiner Konzentration zerren, lasse meinen inneren Kritiker meine eigene Stimme übertönen. *Impostor Syndrome.* Du hast das Gefühl, zu so viel weniger fähig zu sein, als andere es von dir erwarten. Du glaubst, deine Erfolge nicht so sehr verdient zu haben, wie andere denken. Du hast dieses quälende Gefühl, anderen vorzuspielen, du wärst gut genug. Gut genug für den Erfolg, den Applaus – dein nächstes Buch. Ich gehöre zu den Menschen, die eine einzelne Kritik so viel härter und intensiver trifft als eine Vielzahl von Lob. Natürlich wünschte ich, es wäre anders. Nach so vielen Jahren mit meinen Gefühlen in der Öffentlichkeit sollte ich es längst gewohnt sein, dass nicht jedem gefallen kann, was ich schreibe oder fühle. Aber manche Sätze hallen nach, so wie dieser: »Wie viele belanglose und überemotionale Kolumnen über die eigenen Unsicherheiten kann man noch schreiben, bevor einen niemand mehr lesen will? Wie oft will sie sich in ihrem Leben noch verlaufen? Eine starke Frau muss nicht erst fünf Umwege gehen, um anzukommen, sie weiß beim ersten Mal, was sie will. Da draußen gibt es Tausende Frauen, die so viel berühmter und erfolgreicher sind, was genau soll uns an Lina Mallon eigentlich inspirieren?«

Das hat gesessen – und ich habe begonnen, es mich ebenfalls zu fragen. Ein anonymer Kommentar unter einem Artikel, der mein nächstes Buch ankündigt. Ich habe versucht, die Zeilen auf Abstand zu halten, und dennoch sind sie irgendwann unter meine Haut gekrochen, haben sich in mir festgesetzt und Zweifel in mir gesät.

»Seit wann hören wir auf Hater?«, fragt meine Freundin Ira mich, mit der ich mich auf einen Drink verabredet hatte und die sich jetzt zu mir gesetzt hat. »Warum beschäftigst du dich überhaupt so ausgiebig mit irgendeinem anonymen Kommentar, der nur getippt wurde, um Frust auszuschütten?«

»Weil ja vielleicht etwas dran ist …« Ich fahre mir mit den Fingern durch die Haare und stütze meine Ellenbogen auf die Tischplatte. »Was macht mich so viel besonderer als eine andere Frau?«

»Fischst du jetzt nach einem Kompliment?«

»Ich mein's ernst! Weißt du, wie oft ich in Interviews gefragt werde, warum ich glaube, dass meine Bücher erfolgreich sind? Warum man mein Buch lesen sollte? Und weißt du, wie oft ich nicht einmal ansatzweise weiß, was ich sagen soll?«

Ira sieht mich einen Moment lang mit zusammengezogenen Augenbrauen an, dann atmet sie durch, legt ihre Hand auf meine und lächelt mich an. »Deine Bücher sind erfolgreich, weil sie anderen Frauen das Gefühl geben, verstanden zu werden. Weil du uns nichts erzählst, weil du uns nicht das Leben erklärst, sondern deins teilst.«

»Aber ich hab es ja selbst nicht raus! Es gibt so viele Frauen, die ihr Leben so viel besser im Griff haben als ich, die so viel mehr erreicht haben, die nicht ständig auf einem Umweg unterwegs sind.«

»Und genau das ist der Punkt. Du bist nicht poliert, du bist nicht perfekt oder unerreichbar, du bist nicht die ganze Zeit der Meinung, du hättest das Leben *gehackt* oder so viel besser verstanden als alle anderen. Du machst Fehler, du scheiterst, du teilst deine Erfahrungen. Und du teilst sie in so ehrlichen und manchmal auch in so schönen Worten, die ich nicht finden könnte.«

»Manchmal glaube ich selbst, dass ich einfach ein bisschen zu viel bin. Dass ich zu viel rede und zu wenig leiste und zu viel fühle und zu wenig wirklich vorzuweisen habe. Dass ich anstrengend und dabei belanglos und ermüdend bin und meine Bücher am Ende auch.«

»Du bist kein bisschen zu viel. Du bist *so vieles*!«

»Natürlich sagst du das, du bist ja auch meine Freundin. Es ist dein Job, mich zu unterstützen!«

»Uuuugh!«, macht sie und rollt mit den Augen, bevor sie mit beiden Händen auf die Tischplatte schlägt. »Okay, du bist in einer Trotzphase, und du willst mich nicht hören. Plan B: mehr Wein! Ich geh rein und bestelle uns noch ein Glas!« Sie steht auf und verschwindet in der Eingangstür. Ich hole mein iPhone aus der Jackentasche, checke meine Nachrichten – eine fast schon automatische Geste, wann immer ich für einen Moment allein an einem Tisch in einem Restaurant oder in einer Bar sitze. Ich tippe ein paar schnelle Antworten, als jemand ein Glas Wein auf meinen leeren Untersetzer stellt.

Für einen Moment sehe ich verwirrt von meinem Bildschirm auf, dann lächle ich die Kellnerin an. »Oh, danke, ich glaube aber, meine Freundin hat zwei Gläser bestellt …?«, frage ich, und sie nickt.

»Das hier hat auch nicht deine Freundin bestellt.« Neben mein Glas legt sie einen Zettel. »Bei uns kam gerade jemand an die Bar und hat diesen Drink für dich bestellt.«

»Was – wirklich?«, frage ich überrascht.

»Ja, eine Frau Mitte 20, würde ich schätzen …« Als ich mich umsehe und nach ihrer Beschreibung suche, fügt sie hinzu: »Aber das ist bestimmt schon ein paar Minuten her. Ich glaube nicht, dass sie noch hier ist.«

`»Weil du eine von meinen 30 bist. Weil du mich mutig machst, ich selbst zu sein.«`

Ich starre auf das handgeschriebene Stück Papier. Hat jemand unser Gespräch gehört? Vielleicht die ganze Zeit neben uns gesessen? War das hier wirklich ein Zufall?

Nicht selten kann die Begegnung mit einer Fremden, auch wenn sie noch so kurz ist, unseren Tag beeinflussen. Für sie ist es in diesem Moment eine kleine Geste, vielleicht nur ein spontaner Gedanke, aber in mir hallt er nach. Er erinnert mich an etwas, er bringt mir schlagartig etwas zurück, das ich schon viel zu lange nicht mehr so ehrlich gespürt habe.

Ich will keine Frau sein, die andere beeinflusst oder *influenced.* Ich möchte gar nicht, dass irgendjemand das Gefühl hat, er wäre glücklicher, wenn er sein Leben so lebt wie ich. Ich fühle mich unwohl dabei, wenn jemand zu mir aufsieht. Wenn ich mir etwas wünschen könnte, dann dass meine Arbeit und meine Worte ein Grund dafür sein können, warum eine andere Frau genauer hinsieht, auf ihr eigenes Leben, ihre eigenen Entscheidungen schaut. Warum sie sich dieselben Fragen stellt, die auch ich in meinen Büchern immer wieder aufwerfe, sich inspiriert fühlt, Fehler oder Umwege zu machen, auch mal in Sackgassen zu laufen und trotzdem etwas darin zu finden. Warum sie sich ermutigt fühlt, auf die Suche nach ihren eigenen Antworten zu gehen.

Ich habe diesen kleinen Zettel noch immer in meinem Notizbuch, gefaltet steckt er hinter ein paar Fotos und Andenken. Und jedes Mal, wenn ich ihn auffalte, inspiriert er mich dazu, für irgendeine andere Frau immer mal wieder die Fremde zu sein, die mit einem noch so kleinen Moment den Tag für eine andere ändern könnte.

#23

Ein Moment, in dem ich mich wieder verliebe

18.11.2019
Manchmal habe ich das Gefühl, in einer Beziehung zu stecken, die sich mit jedem Monat ein bisschen kraftloser gegen ihr Ende wehrt. Die noch nicht bereit ist, sich aufzulösen, aber Stück für Stück zäher wird, schwer wird, die nur an mir hängt, bis sie mich schließlich zum Stillstand bringt. Wir sind schon länger kein Team mehr, haben uns einfach nur so sehr aneinander gewöhnt, uns so sehr aneinander gebunden, dass eine Trennung kompliziert werden würde. Vielleicht nicht einmal schmerzhaft – denn ich bin längst bereit, dich loszulassen –, aber kompliziert, zermürbend, kräftezehrend. Ich bin mit dir erwachsen geworden, habe in dir mein erstes eigenes Zuhause gegründet, du warst in den letzten Jahren mein Ankerpunkt, mein sicherer Hafen. Bei dir habe ich aufgetankt, um nach ein paar Wochen wieder loszuziehen, um nach meinem Platz auf der Welt zu suchen, denn in meinem Innersten wusste ich immer, dass du nur eine Station sein würdest – auch wenn ich es versuchte, zu verdrängen, manchmal nicht wahrhaben wollte. Aber ich kann es nicht länger leugnen: Hamburg – es ist Zeit, dass wir loslassen. Ich habe den Ort gefunden. An den ich gehöre. Gut 9000 km von dir entfernt.

Seit fast zwei Jahren spiele ich mit dem Gedanken, auszuwandern, stelle mir vor, meine Wohnung in Kisten zu packen und endlich den Schritt nach Kapstadt zu wagen. Keine Altlasten, kein Vor und Zurück mehr, kein ständiges Ankommen und Wiederabreisen, kein Immer-wieder-von-vorn-Anfangen. Kapstadt ist der Ort, an dem ich leben will – und Hamburg die Stadt, in die ich immer wieder zurückmuss, in der ich abwarte, dass ich endlich wieder loskann. In Kapstadt koste ich die Tage aus, selbst jeden einzelnen Dienstag – in Hamburg arbeite ich, schließe mich ein, staple Aufträge und arbeite am Ausweg. Lege Geld zur Seite, spare, plane und zähle rückwärts.

Das Wetter nervt mich, die vielen Menschen irritieren mich, nichts, was ich vor ein paar Jahren noch so magisch an Hamburg gefunden habe, reizt mich mehr. Wenn meine Freunde mich besuchen, sich von der Stadt verzaubert fühlen, färbt das für einen Moment auf mich ab. Aber dort, wo sie die Fassaden bewundern, den Blick auf die Alster, den Hafen, die Brücken, die Sonnenuntergänge am Elbstrand, die vielen Parks, den entspannten Vibe einer so weltoffenen Stadt, sehe ich Verkehrschaos, Baustellen, genervte Eltern, schreiende Kinder, einen Hafen voller Touristen, steigende Mieten und immer wieder Regenwolken. Es gibt nichts, das ich vermissen würde, außer meine Freunde, meine Familie, vielleicht noch die Fischbrötchen.

Vielleicht will ich Hamburg so grau finden, damit mir der Abschied leichter fällt, oder vielleicht auch, weil ein Abschied so unerreichbar scheint.

18.06.2023

Ich schlendere den Bürgersteig entlang, hole mir noch schnell ein Eis und setze mich mit meinen Notizen in den Park. Unter einem Baum finde ich noch einen Platz, verschränke meine Beine zu einem bequemen Schneidersitz und lehne meinen Rücken an den breiten Stamm. Es riecht nach frisch gemähtem Rasen, die Sonne trocknet gerade noch den letzten Guss Sommerregen. Um mich herum wimmelt es von Picknickdecken und Fahrrädern, ein paar Nachbarn spielen Boccia, andere toben mit ihren Hunden über die breite Wiese. Es ist der perfekte Freitagnachmittag nach einer langen Regenwoche. Aber das ist okay. Hinter mir liegen ein paar lange Nächte an meiner Tastatur. Ich schreibe an einem neuen Buch, habe mich dafür in meine Wohnung in Eimsbüttel zurückgezogen und war beinahe dankbar über die graue Pause vom Sommer. Jetzt bin ich ebenso glücklich, dass er zurück ist. In der angenehmen Juniwärme skizziere ich neue Ideen und Kapitel, überarbeite ein paar lose Gedanken, bringe Struktur in die vielen Notizen, die sich angesammelt haben. In Kapstadt finde ich meine Ideen – aber manchmal scheint es, als würde ich nur hier in Hamburg die Ruhe finden, sie auch zu verarbeiten. Die ersten vier Wochen meines Besuchs sind vorbei, nur noch acht weitere bleiben mir. Und irgendwie fühlt sich das jetzt schon zu kurz an.

So viel kann sich in einem Jahr ändern, habe ich immer wieder gelesen – so viel hat sich jahrelang nicht geändert und dann doch irgendwann. Ich besuche Kapstadt nicht nur, ich lebe dort – und trotzdem auch noch in Hamburg. Bis mein Visum vollständig und langfristig bewilligt ist, wird es noch dauern, vielleicht Wochen, vielleicht Monate oder sogar noch länger. Aber auch das ist okay.

Ich komme gern zurück – vielleicht auch, weil ich es nicht mehr muss, zumindest nicht im 90-Tage-Takt. Weil ich jetzt endlich darauf warten kann, dass das Heimweh einsetzt, das ich nicht mehr nur in eine Richtung spüre. Wenn ich heute das Flugzeug verlasse, wieder in Hamburg lande, dann mit dem Gefühl, in ein altes Kapitel einzutauchen, das ich manchmal so gern weiterschreiben würde, obwohl ich genau weiß, dass nie wieder mehr daraus werden wird.

Alte Liebe rostet nicht, würde meine Omi sagen. Und genau so fühlt es sich an. So bittersüß, wie den Menschen wiederzutreffen, der eigentlich mal perfekt für dich war, bei dem du dich noch immer zu Hause fühlen könntest, der noch immer etwas in dir bewegt, obwohl ihr beide wisst, dass ihr längst nicht mehr zueinander passt. Es gibt sie, diese Beziehungen, die dir nie ganz egal werden, die dich nie ganz kaltlassen, nach denen du manchmal Heimweh hast, ohne dass du wirklich wieder zurückwollen würdest. Sie erinnern dich an eine Version von dir, die genauso glücklich war, wie du es jetzt bist, nur eben anders.

Am Abend bin ich noch mit einer Freundin am Hafen verabredet. Wir setzen uns mit einem Alster und einem Matjesbrötchen an die Landungsbrücken. Unsere nackten Beine lassen wir über die Kante baumeln. Über uns kreischen die Möwen, vor uns taucht der späte Sonnenuntergang den Hafen in ein tiefes Orange.

»Wow«, sagt sie zu mir. »Manchmal habe ich das Gefühl, dass Hamburg mir bei jedem Besuch noch einmal beweisen will, wie schön es eigentlich sein kann. Dass nicht die Stadt das Problem war, sondern ich selbst.«

»Der Gedanke kommt mir bekannt vor.«

»Kannst du dir vorstellen, irgendwann hierher zurückzukommen?«

»Hm. Ich glaube, ich werde Hamburg immer vermissen. Und immer wieder zurückkommen, mich immer wieder ein bisschen verlieben, gerade in Momente wie diesen. Aber ich werde dabei trotzdem nie vergessen, wo ich eigentlich hingehöre. Wir hätten ein Match sein können, wir waren eine Zeit lang wunderschön zusammen, wir hatten das Potenzial für eine große Liebe, aber irgendwie sollte es nicht sein. Das Universum hatte andere Pläne. Ich glaube, das ist es, was uns bleibt. Es ist bittersüß – aber irgendwie auch genau richtig so.«

#24

Ein Moment des Streits

Als ich 12 war, dachte ich, meine beste Freundin müsste besser sein als ich, eine *queen bee,* die beliebte Hauptrolle, die mein soziales Leben für mich steuert.

Mit 14 glaubte ich, meine beste Freundin müsste genau wie ich sein, *my other half*, jemand, mit dem ich alles teilen würde, mein Aussehen, meine Wünsche, Träume, jedes Gefühl.

Mit 16 idealisierte ich meine beste Freundin als jemanden, der mir bedingungslos treu sein würde, einen *partner in crime*, der nie an mir zweifeln würde.

Als ich 20 wurde, fand ich mich in einer toxischen Freundschaft wieder. Ich hatte eine beste Freundin, die meine Feindin war, *the frenemy*, jemand, den ich gleichzeitig liebte und hasste. Jemand, gegen den ich gewinnen musste, gegen den ich kämpfen musste, nur um einmal mehr zu beweisen, dass wir nicht zu lange getrennt sein konnten.

Als ich älter wurde, wurden meine Freundschaften weniger toxisch, weniger abhängig, aber sie waren immer noch nach einem wiederkehrenden Muster aufgebaut: Sie waren intensiv, sie waren emotional, sie waren stark und heftig – und vielleicht ist das der Grund, warum sie immer wieder irgendwann zerbrachen, dem Druck nicht mehr standhalten konnten.

Meine Freundschaften haben schon früh einen der wichtigsten Plätze in meinem Leben eingenommen – noch immer. Die wichtigste Beziehung unseres Lebens führen wir mit uns selbst – und die Inspiration, die Wegweiser, den Mut, sie voll auszukosten, finden wir nicht bei diesem einen oder anderen Mann, sondern so oft zwischen all den Frauen, mit denen wir uns umgeben. Hinter jeder mutigen Frau steckt so oft noch eine Handvoll anderer, die ihre Gedanken und Träume teilen. Und dabei ist es nicht wichtig, ob sie schon immer da waren, ob sie sich irgendwann wieder von uns entfernt haben oder gerade erst zu einem Teil von uns geworden sind.

Wir wachsen mit der Vorstellung auf, dass dauerhafte Freundschaften, die den Test der Zeit bestehen, die wichtigsten sind. Je weniger Freundschaften wir verlieren, desto besser, liebenswerter, wertvoller müssen sie – oder sogar wir – also sein? Ich glaube aber, dass ich die manchmal schmerzhaften oder enttäuschenden Brüche in meinen Freundschaften brauchte, um wirklich als Frau und als Freundin zu wachsen.

Oft klammern wir uns an toxische oder unreife Dynamiken, die wir in unserer Jugend und Unerfahrenheit entwickelt haben. Es ist eine Herausforderung, eine Beziehung, die seit zehn Jahren besteht, neu zu definieren, wenn man gerade einmal 20 Jahre alt ist. Wir bemerken manchmal gar nicht, wie sehr wir selbst in Freundschaften in eingefahrenen Mustern verharren. Selbst wenn diese Muster ursprünglich von zwei zehnjährigen Kindern geprägt wurden.

Wir sprechen mittlerweile offen über unsere romantischen Beziehungen – unsere Gefühle, unsere Fortschritte, was wir besser machen können, wer wir sein wollen und wie wir lieben wollen. Wir haben gelernt, offen darüber zu sprechen, was uns guttut, was unsere Beziehungen ausmacht, wir versprechen uns, aneinander zu arbeiten, wir nehmen manchmal sogar professionelle Hilfe in Anspruch, um nicht festzufahren oder aufzugeben. Aber wir gehen nur selten mit der gleichen Offenheit an unsere Freundschaften heran. Warum eigentlich? Was haben wir zu verlieren?

Die Frauen, mit denen ich in den letzten zehn Jahren befreundet war, hatten vor allem eines mit mir gemeinsam: Keine von uns wusste genau, wer sie sein wollte, aber wir waren auf dem Weg, es herauszufinden. Wir waren gemeinsam unterwegs, ohne unser jeweiliges Ziel zu kennen, wir waren mutig genug, uns all den unbeantworteten Fragen und unentdeckten Möglichkeiten zu stellen. Wo wollten wir leben, wen wollten wir lieben, zu welcher Frau wollten wir irgendwann einmal werden?

Nicht immer finden wir die gleichen Antworten. Gerade in Phasen unseres Lebens, in denen so viele Emotionen, so viele neue Erfahrungen auf uns einwirken und genauso viele Erwartungen. In Phasen, in denen wir zwischen den vermeintlich vorgegebenen Lebenswegen und unseren eigenen Träumen wählen müssen und die Erwartungen der Gesellschaft, der Familie oder einfach nur anderer Frauen uns gerade umzingeln. Oft stellen wir in diesen Zeiten fest, wie unterschiedlich wir am Ende waren, wie unterschiedlich wir auf den Druck reagierten.

Die einen entscheiden sich für Freiheit, die anderen für Sicherheit. Ein paar von uns sind mutig genug, weiterzuziehen, ein paar andere werden müde. »Ich habe keine Lust mehr, nach dem zu suchen, was ich will, während ich keine Ahnung habe, was ich will«, sagte meine damalige beste Freundin Klara in einem Streit zu mir.

»Und deswegen willst du jetzt einfach, was er will?«, fragte ich wütend. Wir stritten wegen Lars. Ihrem neuen Freund. Eben noch wollten wir gemeinsam für ein paar Monate durch Afrika reisen, jetzt zog sie mit Lars in die Vorstadt.

»Was ist daran so schlimm? Vielleicht gefallen mir seine Träume ja? Seine Träume sind zum Greifen nah, meine bringen mich nur immer wieder in eine neue Sackgasse. Ich weiß nicht, was ich will – er weiß es genau.«

»Er weiß genau, was du willst?«

»Nein, was er will. Und er will mich und ein Leben mit mir. Weißt du eigentlich, wie wertvoll das ist? Jemanden zu finden, der genau weiß, was er will?«

»Und jetzt? Lebt er mit einer Frau zusammen, die zwar nicht weiß, was sie will, aber das, was er will, bequem genug findet, um es auszuhalten?«

Es war unser erster Streit. Es würde unser letzter sein. Ein paar Wochen später ghostete sie mich.

Unterschiedliche Lebenswege, gerade in unseren Zwanzigern, gerade in so intensiven Freundschaften, führen oft zu Trennungen, die so viel schneller heranrasen, als wir uns an dem festhalten könnten, was wir bis eben noch hatten.

Ich vermisse Klara bis heute. Die Klara, die ich kannte, bevor sie zu der wurde, die Lars wollte. Ich vermisse diesen Teil von ihr, den sie vermutlich noch immer in sich trägt. Aber gegen den sie sich entschieden hat. Vielleicht geht es anderen Frauen ähnlich, vielleicht vermissen auch sie heute noch einen Teil von mir, den sie irgendwann einmal kannten. Wir alle ändern uns – und das ist gut so. Veränderungen sind es, die uns lebendig halten. Es macht mir keine Angst mehr, mich zu verändern und zu akzeptieren, dass die Menschen um uns herum es ebenso tun. Es macht mir Angst, gleich zu bleiben, irgendwann an einen Punkt in meinem Leben zu kommen, an dem ich jahrelang das

Gleiche denke, sage oder fühle, nur weniger intensiv, nur bequemer. Für mich bedeutet es, dass ich aufgehört habe, mein Leben zu entwickeln, aufgehört habe, neue Facetten in der Welt und in mir zu entdecken.

Manche Enden formen sich irgendwann zu einer Erinnerung. Von Zeit zu Zeit wünschen wir sie uns zurück und wissen trotzdem, dass wir sie nie wiederhaben können. Wir blättern durch ihre Szenen wie durch einen Stapel alter Bilder. Andere Enden pochen noch jahrelang in uns wie ein dumpfer Schmerz. Vor sieben Jahren endete eine andere meiner Freundschaften ebenso intensiv, ebenso aufregend. Bis heute hängen ein paar ihrer Fetzen noch irgendwo in meinem Innersten. Lena und ich waren genauso heftig auseinandergebrochen, wie wir ineinandergeknallt waren. Sofort ein Team, sofort ganz nah, unsere Sommer ein einziges Konzert.

`Erst Chartstürmer, dann ausgeträumt. Eins bleibt immer gleich, nach dem Feuerwerk wird aufgeräumt.`[6]

Lena liebte meine Spontaneität, meinen Hang zum Abenteuer, meine Ehrlichkeit und all meine Worte. Sie verließ sich darauf, dass ich die Wahrheit sagte, dass ich die Silben hatte, die sie manchmal nicht fand. Dass sie unser Beat und ich unser Text war, dass sie mit mir ausbrechen und später ankommen konnte. Ich fuhr unseren Fluchtwagen und kannte den Weg zum sichersten Hafen. »Ich liebe dich dafür, dass du zeigst, was du fühlst, dass du sagst, was du denkst, dass du bist, wer du sein willst. Und dass du andere inspirierst und ansteckst, es auch einfach zu versuchen, überhaupt irgendwo anzufangen«, hatte sie mir mal in eine Karte zu meinem Geburtstag geschrieben. Es waren damals für mich die vielleicht schönsten Worte, die je jemand über mich geschrieben hatte. Bis heute weiß ich nicht, ob sie wahr sind, zweifle nicht nur an den zwei Zeilen, sondern auch immer wieder an mir.

Denn ein paar Monate später stritten wir, waren zum ersten Mal nicht einer Meinung, zum ersten Mal unterstützten meine Worte sie nicht, sondern griffen sie an. »Weißt du eigentlich, was für eine Belastung du sein kannst? Ich brauche keine Kritik von meiner Freundin, ich brauche Support. Das macht die Freundschaft unter Frauen aus. Aber das hast du offenbar vergessen oder nie gelernt. Du und deine Meinung und alle deine Worte sind die Negativität, die ich in meinem Leben einfach nicht brauche.«

Ich werde diesen letzten Satz vielleicht niemals vergessen. Sosehr ich es mir auch wünschte, denn mit ihm bleibt das Gefühl hängen, nicht nur verletzt, sondern benutzt worden zu sein.

Jahre später meldete Lena sich bei mir, um sich zu entschuldigen – oder so etwas in der Art zumindest. »Ich wünschte, ich wäre damals schon die Frau gewesen, die ich heute bin. Dann hätte ich niemals so mit dir gesprochen«, schrieb sie.

Ich glaube, ich verstand sie, und ich glaube, ich war bereit, ihr zu verzeihen, was sie gesagt hatte. Aber ich war noch nicht bereit, zu vergeben, wie sehr sie mich damals hatte verletzen wollen, wie sehr sie mich absichtlich getroffen hatte.

Für ein paar Jahre hatten die Angst, noch einmal so verletzt zu werden, der Zweifel, ob ich zu viel war, ob all meine Gefühle, Gedanken und ich tatsächlich nicht auszuhalten waren, mich schrumpfen lassen. Ich machte mich kleiner, blasser, leiser, als ich eigentlich war. Versteckte den vielleicht ehrlichsten Teil von mir vor neuen und alten Freunden, hielt meine Meinung und meine Worte leicht, um niemandem zu schwer zu werden.

Ich hatte Angst davor, anzuecken, zu kantig für die Welt voller Positivität zu werden, einen Streit zu verursachen. Denn irgendwann glaubte ich, dass all meine Freundschaften an ihrem ersten Streit zerbrochen waren oder zerbrechen würden, selbst wenn es Jahre dauerte, bis wir auf ihn trafen. Und es dauerte lange, bis ich den Mut aufbrachte, die Schuld nicht mehr nur bei mir, sondern vor allem bei der Frage zu suchen: Warum können romantische Beziehungen oft Konflikte aushalten, während Freundschaften dazu neigen, sofort an ihnen zu scheitern?

Als ich meine beste Freundin Maggs kennenlerne, dauert es fast vier Jahre, bis wir unsere erste Meinungsverschiedenheit haben. Frustration hat sich aufgestaut, hitzige Worte werden nach ein paar Gläsern Wein gewechselt. Keine von uns denkt zu lange darüber nach. Wir steiten, wir knallen ein paar Türen, dann schweigen wir, sprechen fast eine Woche nicht miteinander. Bis zu diesem Moment haben wir beinahe jeden Tag voneinander gehört, das ist ganz natürlich für uns. Jetzt zu schweigen, uns einander zu entziehen, fühlt sich nicht nur falsch, sondern auch einsam an.

Als wir uns schließlich auf einen Kaffee treffen, fühle ich mich so unbeholfen in ihrer Nähe, dass es mir Angst macht, wie schnell zwei Menschen sich in nur einer Woche fremd werden können, wenn die Gefühle wirklich verletzt sind. Als wir dann endlich miteinander sprechen, erlebe ich einen weiteren Streit, den ich bis heute nicht vergessen habe. Keine von uns hat Angst, der anderen zu zeigen, wie sehr wir uns vermisst haben. Keine von uns ist hier, um ihrem Ego oder Ärger Luft zu machen – sondern um das Problem zu lösen. Wir wollen die andere besser verstehen und uns wieder näherkommen. Und wir geben uns den Raum dafür. Unsere Worte sind nicht geladen, und die Fragen, die wir einander stellen, sind kein Minenfeld. Wir stehen nicht vor großen Entscheidungen, die unsere Freundschaft beeinflussen könnten. Wir verstehen einander nur gerade nicht. Und wir sind hier, um das gemeinsam ändern.

Und noch etwas wird mir klar: Zum ersten Mal weiß ich genau, wer ich bin – oder sein will. Ich muss mich Maggs gegenüber nicht verstellen, nicht kleiner machen, mich nicht verteidigen oder beweisen. Ich kann ihr vertrauen, dass alles, was sie an mir mag, sich nicht plötzlich in etwas verwandelt, das sie loswerden will. Und sie muss nicht befürchten, dass das Eingestehen eines Fehlers ihren Standpunkt und ihre Gefühle nichtig machen würde. Es gibt zwischen uns keinen Machtkampf; es ist kein Tauziehen der Gefühle. Wir wollen nicht gegeneinander gewinnen, sondern einander verstehen. Dieser Streit ist kein Ende, auch wenn wir ihn noch am selben Tag hinter uns lassen. Er ist ein Teil von uns – nicht, weil er immer noch wehtut, sondern weil er mir immer noch dabei hilft, zu heilen.

Vor ein paar Wochen habe ich auf Instagram unter einem Post von zwei Frauen, die ihre Freundschaft feierten, den Kommentar einer anderen Frau gelesen: »Macht einen fast neidisch. Die meisten Freundschaften sind leider nicht so. Ich bin in meiner Me-Era und habe damit im Moment abgeschlossen! Frauen sind einfach so anstrengend, ich hab dafür keine Zeit mehr!«

Ihr Kommentar bekam fast 300 Likes von anderen Frauen, die Dinge antworteten wie »Geht mir genauso!«, »Same here!«.

Mir ging das unglaublich nah. So viele Frauen zu sehen, die alle glaubten, dass sie keine Freundschaften bräuchten, dass sie ohne Freundinnen ein so viel leichteres Leben haben könnten, machte es für mich nur umso offensichtlicher, wie viele Frauen schon einmal verletzt worden sind (und vermutlich genauso oft schon einmal eine andere verletzt haben). Und wie viele von uns danach glaubten, dass einsam zu sein, keine Freundschaften mehr zu wagen und uns voreinander zu verschließen, weniger schmerzhaft wäre, als zu riskieren, noch einmal verletzt zu werden. Wie viele von uns Enttäuschung distanziert, kalt oder sogar zynisch werden ließ.

Meine Mutter sagt immer zu mir: Lieber viele lose Freundschaften als zu enge, das geht nur schief. Und jedes Mal streite ich mit ihr. Denn – sicher – es tut weh, eine Freundin, eine Vertraute zu verlieren, enttäuscht oder hintergangen zu werden. Aber tut es nicht noch mehr weh, uns deswegen vor neuen Verbindungen zu verschließen? Ist es nicht noch enttäuschender, wenn wir verweigern, etwas über uns zu lernen und es im nächsten Versuch besser zu machen? Ist man nicht irgendwann müde, immer nur an der Oberfläche einer Freundschaft zu treiben, statt gemeinsam tiefer in die gegenseitigen Leben einzutauchen und sie zu teilen? Unsere Freundschaften sind wichtig –

und wir müssen sie ernst nehmen. Sie sind nicht nur eine Ablenkung von unserem Alltag, sie sind nicht nur ein zerfeierter Sommer oder ein Brunch am Sonntag. Sie sind unsere ehrlichste Quelle für Inspiration, Reflexion, Verständnis und Vertrauen. Unsere Gesellschaft gibt uns immer noch das Gefühl, dass unsere wichtigste Beziehung zu anderen Menschen eine romantische ist. Die Ehe, der Eine – die Liebe. Aber tatsächlich beweisen wissenschaftliche Studien, auf die ich während meiner Buchrecherche gestoßen bin, dass es unsere Freundschaften sind, die unsere mentale Gesundheit weitaus intensiver beeinflussen. Eine Freundschaft, in der wir uns sicher und verstanden fühlen, senkt unser Risiko für eine Erkrankung an Depressionen um das 50-Fache. Jemanden in unserem Leben zu haben, dem wir alles erzählen können, während wir nicht alles erklären müssen, uns verstanden und aufgehoben zu fühlen, ist einer der wichtigsten Faktoren für unsere mentale Gesundheit.

Meine Oma verlor ihren Mann, als sie gerade einmal 72 Jahre alt war. Ihre beiden besten Freundinnen blieben immer an ihrer Seite. Sie waren neben ihrer Familie immer die andere große Liebe in ihrem Leben. »Und ich war keinen einzigen Tag einsam«, sagte sie einmal zu mir.

#25

Ein Moment, in dem ich meine Grenzen verschiebe

`Vielleicht ist das, was wir verlieren, kein Verlust. Vielleicht ist es ein Weg des Universums, um uns deutlich zu machen, dass es da draußen noch mehr für uns gibt.`

Ich reibe mir die Müdigkeit aus den Augen und stelle meine Rückenlehne senkrecht. Mein Nacken nimmt mir die unbequeme Position, in der ich wenigstens für ein paar Stunden einen unruhigen Schlaf irgendwo über Nordafrika gefunden habe, übel, fühlt sich verspannt und steif an. Ich trinke einen Schluck Wasser, lege die Decke zusammen und rolle sie unter den Vordersitz. Noch 30 Minuten bis zu meiner Landung in Kapstadt. Noch 30 Minuten bis zum nächsten Versuch, vielleicht irgendwie einen Platz an diesem Ort zu finden, der mich und den ich ausgesucht habe.

Zwei Jahre und eine Pandemie ist es her, dass ich am Strand von Clifton gesessen und meine Verluste gezählt habe, die verwaschenen Chancen auf diesen einen Job oder sogar diesen einen Mann, auf einen echten Anfang in Südafrika. Damals habe ich das Wiederkommen so unendlich sattgehabt. Das Immer-wieder-neu-anfangen-und-dabei-trotzdem-stecken-

Bleiben, die immer gleichen Verluste am Ende der drei Monate, die ich als Besucherin in Kapstadt bleiben durfte, bevor ich wieder gehen musste. Ich hatte mich damals als Dozentin an einer Kunstakademie in Stellenbosch beworben, war zum Bewerbungsgespräch eingeladen worden, hatte noch während des Interviews eine Zusage bekommen und gerade einmal ein paar Stunden lang die Euphorie, die in mir kribbelte, genossen, als der Anruf kam. Die Hochschule konnte es sich nicht leisten, meinen Visaantrag zu unterstützen, und noch dazu stand ein neuer Erlass einer Bewilligung im Weg. Man würde sich für eine andere Kandidatin entscheiden müssen. Ein paar Tage später – bei einem verkrampften Bier, das sich eigentlich wie ein Date anfühlen sollte – besiegelte der Mann, in den ich mich gerade erst verliebt hatte, das nächste Ende. In derselben Woche teilte mir mein Vermieter mit, dass mein Apartment von nun an nicht mehr für eine langfristige Miete zur Verfügung stehen würde. Er hatte sich entschieden, die kleine Wohnung auf der Kloof Street von nun an ausschließlich für Airbnb-Gäste zu vermieten, wie so viele andere. Ich akzeptierte die Kündigung schulterzuckend. Sie passte zum Rest der Geschichte. Am Tag meines Abflugs stand ich wieder genau dort, wo ich vor drei Monaten angefangen hatte.

Ich weiß endlich genau, wohin ich will, und doch gehen mir die Ideen und die Energie aus. Mein Plan, auszuwandern, hat irgendwann angefangen, mich müde zu machen, mir mehr zu nehmen, als er mir gerade gibt. Immer wieder neue Wohnungen, in die ich nie wirklich einziehen kann, immer wieder neue Jobs, die ich nie beginnen darf. Und immer wieder die leise Frage: *Wann ist es Zeit, loszulassen?*

Sich verkrampft an etwas oder jemandem festzuhalten, der sich längst von uns entfernt, führt nicht dazu, dass etwas zurückkommt. Meiner Erfahrung nach macht es den Verlust nur noch größer, noch schmerzhafter. Wir können nicht zurückgehen, nichts zurücknehmen, wir können nicht ungeschehen machen, was geschieht, ob nun gegen unseren Willen oder wegen unserer Entscheidungen. Der einzige Weg für uns – liegt vor uns. Wenn die Dinge so offensichtlich nicht so laufen, wie wir sie uns vorgestellt oder gewünscht haben, warum dann den Plan und die Vorsicht nicht einfach in den Wind schlagen und sehen, wo wir landen, wenn wir uns treiben lassen?

Wenn nichts so kommt, wie es kommen sollte, heißt das vielleicht, dass du gerade dabei bist, in eine Richtung zu stolpern, die du sonst nie gefunden hättest.

Wachstum bedeutet manchmal, unsere Träume oder sogar uns selbst loszulassen, all die Sicherheiten unserer Pläne aufzugeben, um wirklich frei für ein neues Kapitel zu sein. Es bedeutet, seinen Enttäuschungen ins Auge zu sehen und neue Strategien zu entwickeln. Es bedeutet, loszulassen. Es bedeutet, Neues zu wählen. Es bedeutet, neue Opfer zu bringen.

Ich habe nicht vor, Südafrika aufzugeben. Aber ich habe aufgehört, meinen Platz hier so unbedingt finden zu wollen, denn vielleicht gibt es ihn gar nicht. Vielleicht muss ich ihn mir selbst erschaffen. Nicht als Lektorin, nicht als Marketing Executive, nicht als Autorin, vielleicht nicht einmal als Fotografin – sondern als ein Teil von mir, den ich mir noch nie zugetraut habe.

Im Januar 2020 habe ich eine Firma mit Maggs gegründet. Wir haben begonnen, kuratierte und vor allem entspannte, lässige Weintouren für deutsche Touristen anzubieten. Im August 2020 habe ich mit meinen Ersparnissen ein Stück Land in einem Naturreservat gekauft. Und in ein paar Monaten werde ich beginnen, dort eine Cabin zu bauen, die ich später als Retreat vermieten will. Ich habe die Welt und den Tourismus zehn Jahre lang entdeckt, jetzt bin ich bereit, meine Erfahrungen nicht nur zu teilen, sondern selbst welche beizutragen. Und ich habe eine Heidenangst davor.

Ein Leben, das sich frei und wie unser eigenes anfühlt, wird von Zeit zu Zeit verlangen, dass wir springen. Es wird uns dazu zwingen, verletzlich zu sein und unsere Schwächen zu offenbaren. Es wird uns dazu bringen, die schwierigsten Entscheidungen zu treffen, Menschen und Erwartungen zu enttäuschen. Es wird uns mit der Erfahrung versöhnen, dass Sackgassen und Verluste, dass Schmerz, Enttäuschungen und Trennungen Teil eines wirklich gelebten Lebens sind. Es wird uns manchmal müde machen, uns erschöpfen, alte Narben öffnen, von denen wir glaubten, sie längst geheilt zu haben. Es wird uns zwingen, Schmerz zu verarbeiten und nicht einfach nur zu überwinden. Aber, o mein Gott – es wird uns so glücklich machen, es wird jeden Zentimeter von uns ausfüllen.

Ich bin gerade dabei, zu erkennen, dass wahrer Erfolg in unserem Leben nicht darin besteht, wie die Dinge für den Rest der Welt aussehen, sondern wie er sich für mich anfühlt.

Ich habe mein Leben in Deutschland mit all seinen Netzwerken, mit all seinem Komfort und den erarbeiteten Erfolgen in Kisten verpackt. Ich habe erkannt, dass ich nicht anknüpfen, sondern nur neu anfangen kann, wenn ich wirklich in Südafrika leben will. Ich bin bereit, meine Karriere und mein Erspartes, meine angehäufte Sicherheit zu riskieren, ich bin bereit, einen Weg einzuschlagen, den ich mir vor ein paar Jahren niemals erträumt hätte. Ich bin bereit, zu springen, weil ich so unglaublich gespannt darauf bin, wo ich wirklich landen werde. Den Ort kenne ich, aber diesen neuen Teil von mir noch nicht. Und irgendetwas sagt mir, dass es genau der ist, nach dem ich eigentlich gesucht habe.

Die längste Zeit meiner Zwanziger habe ich versucht, das Unbekannte zu packen, zu erforschen und zu beantworten. Je mehr Fragen ich mir stellte, desto mehr Antworten würde ich finden, bis der Weg zu mir selbst sich auf einmal so klar anfühlte. Aber was, wenn wir am Ende gar nicht bereit sind, alles zu wissen? Was, wenn manche Fragen bis zum Ende unseres Lebens unbeantwortet bleiben und genau das die eigentliche Freiheit ist? Für viele Menschen ist es unvorstellbar, ein Leben lang unterwegs zu sein, auf der Suche nach noch mehr von ihnen selbst, immer wieder dazuzulernen und trotzdem immer wieder falschzuliegen, immer wieder herausgefordert zu werden. Unsere Gesellschaft empfindet es oft als unangenehm, sich immer wieder verändern zu müssen, immer wieder auf etwas Unbekanntes zu stoßen. Ich liebe, ich umarme das Unbekannte. Nicht genau zu wissen, was noch passieren könnte, nie genau zu wissen, auf was wir wirklich zusteuern, aber bereit dafür zu sein, fühlt sich für mich wie die allergrößte Freiheit meines Lebens an.

Freiheit bedeutet vielleicht, so zu leben, wie es die meisten Menschen nicht würden, damit man so leben kann, wie es die meisten Menschen nicht können. Aber es bedeutet auch, dass wir unterwegs niemanden nach dem (unserem) Weg fragen können.

#26

Ein Moment, in dem ich verspreche

»Dich zu heiraten, bedeutet, dazuzugehören, ein Zuhause in einer anderen Seele und meinen Platz in dieser Welt bei dir gefunden zu haben.« – Chris

Für ihn ist die Ehe ein Zuhause, das Gefühl, dass du zu jemandem gehörst. Für mich ist sie kein Ziel, sondern Teil einer Reise, auf der du von nun an zu zweit unterwegs bist.

Für mich bedeutet die Ehe nicht, dass mein eigener Weg hier zu einem Ende kommt, dass ich mich selbst habe finden müssen, um schließlich bei ihm ankommen zu können. Der Beziehungsstatus »verheiratet« war nie meine Destination, nichts, worauf ich jemals hingearbeitet hätte. Und ich weigere mich, auch nur einen Moment zu glauben, dass es ein anderer Mensch ist, der mich komplett macht. Mein Leben beginnt nicht auf einmal von vorn und *endlich, wirklich* – als Chris in mein Leben tritt. Er stellt es nicht auf den Kopf, er nimmt mich nicht an die Hand und zerrt mich in seins. Er findet seinen Platz in meinem – und ich beginne, Schritt für Schritt zu entdecken, wo meiner in seinem sein könnte. Chris beantwortet nicht all die Fragen, auf die ich gerade nach Antworten suche. Wenn überhaupt, bringt er noch ein paar mehr mit. Als wir uns kennenlernen, bin ich dabei, nach Kapstadt zu ziehen. Ich richte dort gerade eine kleine Wohnung ein, bin dabei, mein Buch *schnell.liebig* zu veröffentlichen, ich habe ein Start-up mit Maggs gegründet. Ich gehe auf Dates, weil ich neue Menschen kennenlernen will. Ich suche nicht nach einer Beziehung, laufe aber auch nicht mehr vor ihr davon. Es ist eine Zeit in meinem Leben, in der ich nichts brauche oder vermisse, nichts suche, aber neugierig auf alles das bin, was ich stattdessen treffen, finden oder erleben könnte. Ich erzwinge unsere Beziehung nicht, ich stürze mich nicht in sie hinein, ich lasse mich nicht vollkommen von ihr überrollen, ohne zu wissen, wann ich wieder auftauchen werde. Ich weiß so viel besser, wer ich bin, als noch vor fünf Jahren, habe aber auch endlich verstanden, dass der Weg zu mir selbst mein ganzes Leben lang sein wird. Dass ich die wichtigste Beziehung in meinem Leben niemals mit einem anderen Menschen, sondern immer mit mir selbst führen werde.

Ich habe mir irgendwann in meinen Zwanzigern selbst versprochen, dass ich für immer meine eigene Sonne sein würde. Dass die Wünsche eines anderen Menschen niemals meine eigenen Bedürfnisse in den Schatten stellen würden. Meine Karriere, mein Wunsch danach, mich selbst zu verwirklichen, meine Identität als moderne Frau, meine Freundschaften, meine Beziehung, meine Sehnsucht, noch so viel mehr von dieser Welt zu sehen: Das alles kreist um mich, inspiriert mich, beeinflusst mich, macht mich aus. Es ist fast schon absurd, dass ich erst so spät verstanden habe, dass der Plan und vielleicht auch die Sicherheit oder die Richtung, die ich so oft gesucht habe, ich selbst bin. Ich bin mein eigenes Zuhause, genauso wie mein eigener Umweg.

Egal, wohin ich gehe, egal, mit wem ich unterwegs bin, wen ich liebe oder wo ich lebe – ich nehme immer mich selbst mit. Es ist das wichtigste Versprechen meines Lebens. Und erst wenn ich mir sicher sein würde, dass ich es einhalten könnte, wäre ich bereit, ein anderes zu geben.

○

»Ich verspreche dir, das Leben mit dir zu erkunden. Dich auf meine Reisen mitzunehmen, wohin auch immer sie uns führen werden. Ich bin bereit für was auch immer als Nächstes kommt.« – Lina

#27

Ein Moment, in dem ich nicht mehr vorspule

Als ich 19 Jahre alt war, war ich überzeugt davon, dass ich mit 30 meine eigene Kanzlei leiten und eine Eigentumswohnung mit großer Dachterrasse besitzen sein würde. An Donnerstagen würde ich meine Freundinnen auf ein paar Cocktails treffen, die Wochenenden in Amsterdam oder Prag verbringen, in der Woche so viel arbeiten, dass ich meine Karriere ausbauen und mir meinen Lebensstil leisten konnte. Ich wollte die perfekte Mischung aus Carrie und Miranda sein. Erfolgreich, aber nicht zu verbissen, leidenschaftlich, spontan, definitiv kinderlos, aber verliebt in einen Mann, der genauso erfolgreich und genauso ungezwungen leben wollte wie ich. Ich sah mich in einer großen Stadt – Berlin oder London vielleicht. Hochzeit? Möglich, aber nicht notwendig. Ich wollte das Beste aus allen Welten.

Um ehrlich zu sein: Ich konnte es damals nicht erwarten, erwachsen zu werden. Ich konnte es nicht erwarten, meine eigenen Entscheidungen zu treffen, die Schule, Salzwedel, einfach all das, was ich kannte, hinter mir zu lassen und all meine Vorstellungen und Tagträume, die mich schon, seit ich 13 war, begleiteten, endlich wahr zu machen. Am liebsten wollte ich den Weg überspringen – quasi *30 über Nacht* werden (und mich ganz bestimmt nicht für meinen Jugendfreund Matty entscheiden und zurück in die Vorstadt ziehen?! Als ich den Film 2007 zum ersten Mal im Kino gesehen hatte, war das Ende für mich eine absolute Katastrophe gewesen).

Für ein paar Jahre – eigentlich fast, bis ich dann wirklich 30 wurde – rannte ich dem Wunsch hinterher, endlich mit dem Leben zu beginnen, das ich mir so fest vorgenommen hatte. Natürlich änderten sich ein paar Details. Mit 20 brach ich mein Jurastudium ab und beschloss, dass ich Mode und Marketing studieren, irgendwann bei der *Cosmopolitan* arbeiten wollte. Mit 24 machte ich mich selbstständig. Mit 25 entschied ich, dass ich niemanden heiraten müsste, dass es mir viel mehr Spaß machte, zu daten, statt mich festzulegen, und dass mein Leben sich gerade viel zu aufregend, viel zu ausgefüllt mit Jobs und Reisen und Aufmerksamkeit anfühlte, als dass ich bereit war, meine Zeit jemandem exklusiv zu schenken. Für die nächsten Jahre drehte sich mein Leben um Mode, um Marken, um Eventeinladungen, um Reichweite und Netzwerke. Um den richtigen Winkel auf Fotos und den ständigen Kampf um meinen Platz in einem Dschungel aus Klicks und Kicks. Für eine gewisse Zeit machte mich all das sogar glücklich. Ich genoss die Anerkennung von außen, den digitalen Applaus, den Trubel, die Schnelligkeit, die Lautstärke meines Alltags, die immer wieder neuen Eindrücke, sowohl beruflich als auch privat. Montags landete ich in Thailand, donnerstags wieder in Berlin, stieg abends noch in ein Taxi, um an einem Pressedinner für Hugo Boss teilzunehmen, frühstückte am nächsten Morgen in einer Agentur und besprach neue Kampagnenideen für ein paar Beautyprodukte, die ich bewerben sollte. Am Nachmittag saß ich wieder im Zug, schrieb an einer neuen Kolumne über das Date der letzten Woche und machte dabei längst Pläne für ein nächstes. Während dieser Zeit fühlte sich ein voller Terminkalender, das ständige *Busysein,* wie ein Erfolg an, wie ein erfüllender Status, den ich gern zur Schau trug. Je weniger Zeit ich hatte, um mich tatsächlich mit Freunden oder Bekannten auf den Kaffee zu treffen, zu dem wir uns gerade beiläufig verabredet hatten, je öfter ich eine Nacht durcharbeitete, um meine Deadline noch zu erreichen, mich über mein eigenes Limit schob, desto stolzer war ich auf mich. Je mehr Bahn- oder Flugtickets ich im Monat abreißen und einscannen konnte, je öfter ich unterwegs war, schon wieder in nur einem Koffer drei oder sogar vier Stationen unterbrachte, je gehetzter mein Alltag war, desto erfolgreicher fühlte ich mich.

Desto fester glaubte ich daran, dass ich tatsächlich in genau dem Lifestyle angekommen war, den ich mir mit 13 doch so sehr gewünscht und den ich so lange gejagt hatte.

Als ich 30 wurde, gehörte ich nicht zu denjenigen, die glücklich darüber waren, in dieses neue, vermeintlich klarere Jahrzehnt ihres Lebens einzutauchen. Alles, was ich wollte, war, wieder 20 zu sein. Nicht, weil ich mich vor dem Alter fürchtete, sondern weil ich gerade erst dabei war, zu begreifen, wie viel Zeit ich mit Dingen verbracht hatte, dir mir nichts mehr bedeuteten. Konsum, Bestätigung, Aufmerksamkeit, Fast Fashion, Fast Travel, Fast Dating, Fast Content – und dann immer wieder die Jobs, die ich nur machte, um mir diesen Kreislauf überhaupt leisten zu können. *Fast, schnell*, das klingt nach Geschwindigkeit, nach Bewegung, nach immer noch mehr neuen Eindrücken. In Wahrheit hatte ich ungefähr die Hälfte meiner Zwanziger damit verbracht, fast zu reisen, fast zu daten, fast glücklich zu sein. Meine Kolumnen waren fast ein Buch, für eine Handvoll Menschen war ich fast so etwas wie berühmt, ein paarmal hatte ich mich fast verliebt, mein Leben war fast ausgefüllt – aber auch nur fast. Ich hatte eine Weile gebraucht, um zu begreifen, dass ich nicht in einer Vielzahl voller schillernder Momente lebte, sondern ihnen fast schon hinterherhastete, während sie an mir vorbeiflimmerten.

»Wenn ich meinem 13-jährigen Ich einen einzigen Rat mit auf den Weg geben könnte, während es sich die Traumszenen ausmalt, die mich später angeblich so glücklich machen, ist es vielleicht das hier: Das schönste Gefühl ist es, irgendwo vollkommen mittendrin zu sein – und nicht die ganze Zeit nur auf der Jagd nach dieser vermeintlich perfekten Vorstellung von dir selbst. Glaub nicht einen einzigen Moment daran, dass dein Leben erst dann so richtig losgeht, wenn du sie erreicht hast. Es hat längst angefangen«, sage ich zu meiner besten Freundin Maggs, während wir im Schnee sitzen, durch den wir eben noch wie Kinder getobt sind. Nun trinken wir eine Flasche Champagner auf meinen runden Geburtstag – aus Plastikbechern, weil jede von uns dachte, die andere hätte die Gläser dabei.

»Früher hätte ich mir gewünscht, dass mein 30. Geburtstag ein gestyltes Event sein würde, das perfekte Outfit, die perfekte Location, das perfekte Foto. Und jetzt sitze ich hier, mit kalten Fingern und nassen Füßen, voller Schnee und außer Atem, und würde nichts daran ändern wollen. Denn es ist echt. Es ist keine nachgeahmte Vorstellung, es gibt kein Skript, keine Erwartung, nur den Moment, nur das, was gerade passiert. Und ich wünschte so sehr, dass ich das schon viel früher begriffen hätte. Dass ich zurück in meine Zwanziger steigen und es noch einmal machen könnte. Nur dieses Mal richtig. Ich würde nicht für einen Job für ein paar Tage nach Asien fliegen, sondern Wochen mit dem Rucksack auf Reisen verbringen. Ich würde nicht an den nächsten Klicks, sondern viel öfter am nächsten wirklich guten Text arbeiten. Ich würde den Kaffee mit Freunden nicht mehr aufschieben, ich würde all die Outfits, all die Shootings, all die Produkte sofort gegen echte Erlebnisse eintauschen. Ich würde den nächsten Pressetrip einfach sausen lassen und dafür auf noch mehr Festivals tanzen. Glücklich sein, wenn ich mit einem Fischbrötchen und einer Freundin stundenlang am Hafen sitze, statt mich zu zwingen, doch lieber auf diese eine Party zu gehen. Und am allerwichtigsten: Ich würde das Unbekannte, das Ungeplante, jeden Umweg genießen, statt einfach vorspulen zu wollen.«

Maggs sieht mich einen Moment lang still an, nippt an ihrem Becher und sagt dann fast zu leise. »Vielleicht bereust du das Zurückspulen dann irgendwann genauso wie das Vorspulen.«

»Touché.« Ich nehme ebenfalls einen Schluck.

»Vor genau drei Jahren, als ich gemerkt hab, wie banal und wie oberflächlich sich natürlich nicht alles, aber doch so vieles in meinem Leben anfühlte – das war auch so ungefähr um meinen Geburtstag –, da hab ich eine Liste mit Dingen gemacht, die ich wirklich erleben will, bevor ich diesen Meilenstein ›30‹ erreiche. Nicht besitzen oder erreichen – erleben. Und auch nicht, um sie abzuarbeiten wie ein neues To-do, sondern um mich immer mal wieder daran zu erinnern, wie viel uns unsere Erfahrungen und Erlebnisse bedeuten sollten. Dass sie die eigentlichen Teile sind, aus denen unsere Geschichte besteht. Da stand so etwas drauf wie: ein paar Monate im Ausland leben, Walen auf dem offenen Ozean begegnen, auf einem Konzert crowdsurfen, lernen, wie man eine richtig gute Lasagne macht, einen Esstisch bauen, endlich ein Buch schreiben, einen Baobab berühren. Und das Verrückte ist, wann immer ich einen weiteren Punkt verwirklicht habe, wann immer ich eine neue Erinnerung eingesammelt habe, hab ich neben der Euphorie oder der Dankbarkeit auch irgendwie diesen kleinen Schmerz darüber gefühlt, dass ich damit nicht viel früher angefangen habe.«

»Und was, wenn diese Liste nicht mit 30 endet? Was, wenn sie niemals endet? Was, wenn sie nie abgehakt und vervollständigt ist?«

Ich lasse ihre Worte sacken. Nehme sie mit unter die heiße Dusche in unserer Unterkunft und suche schließlich in meiner Reisetasche nach meinem Notizbuch. Ich lasse mich im Bademantel aufs Bett fallen, schlage es auf und schreibe:

Was, wenn du nichts noch einmal neu beginnen oder noch einmal korrigieren musst, weil dein Leben kein Projekt, keine Strategie, sondern immer ein Prozess, ein sich immer wieder ändernder Entwurf ist? Was, wenn die 30 kein Meilenstein ist, überhaupt nicht bedeuten muss, dass du jetzt angekommen bist oder finale Entscheidungen triffst – was, wenn wir unsere Dreißiger einfach auch dafür nutzen, wiederzuentdecken, was uns mit 13 eigentlich so viel Spaß gemacht hat. Was, wenn wir in unseren Dreißigern genauso gut all das noch einmal tun können, was wir mit 13 so unbedingt überspringen wollten? Nur dieses Mal ohne die Scham, ohne die Unsicherheit?

Ein paar Monate später, als ich gerade allein durch Griechenland reise und in einem Café in Athen einen Kaffee trinke, fällt mir der Absatz wieder in die Hände. Ich habe gerade nach einem Platz gesucht, um mir ein paar Restaurantempfehlungen zu notieren, die ich unbedingt ausprobieren möchte. Es ist das erste Mal, dass ich seit Beginn der Pandemie wieder reise. Die ersten Monate meiner Dreißiger habe ich im Lockdown verbracht und dabei noch einmal umso intensiver gefühlt. Wie wenig uns Besitz am Ende bedeutet und wie sehr wir Erfahrungen vermissen, wie sehnsüchtig wir nach Erlebnissen werden können – jetzt und hier in der Sonne zu sitzen und ausgerechnet diese Worte zu lesen, fühlt sich wie eine Erinnerung an mich selbst an. Und dann beginne ich, aufzuschreiben, was auch immer mir irgendwann mal so viel Spaß gemacht hat oder hätte, wenn ich einfach damals schon hätte ich selbst sein wollen. Was auch immer mich jetzt glücklich machen würde oder reizt, ganz egal, ob es kleine oder große Momente sind, ob sie mich Mut oder Geld oder Geduld kosten würden:

- ❍ während eines Regengusses im Meer schwimmen
- ❍ ein ganzes Wochenende lang nur Rummikub und Backgammon spielen
- ❍ etwas töpfern
- ❍ Stockbrot am Lagerfeuer machen und mit Freunden die ganze Nacht unter dem Sternenhimmel verbringen
- ❍ einem Elefanten zu Fuß begegnen
- ❍ den ganzen Tag im Freibad verbringen und tatsächlich vom Dreier springen
- ❍ für ein halbes Jahr mit dem Auto den afrikanischen Kontinent erkunden
- ❍ meine Lieblingssongs so laut im Auto und bei offenem Fenster performen, dass ich danach heiser bin
- ❍ nach Madagaskar reisen
- ❍ so lange auf einem Konzert springen und tanzen, bis ich Seitenstiche bekomme
- ❍ Sandboarden
- ❍ 500 Bücher gelesen haben

Hier ist Platz für eure Momente:

#28

Momente im Alltag, die meine mentale Gesundheit unterstützen

Ruhe üben
Lernen, wie ich mich ausruhe, wie ich wirklich meine Batterien wieder auflade, wie ich nichts tue, nichts denke, mich nicht ablenke, aber auch nicht konzentriere – sondern einfach nur Ruhe auf mich wirken lasse. In den Himmel schauen, Wolken beobachten, wahrnehmen, was um mich ist – und es einfach ziehen lassen.

Farben essen, für sich selbst kochen
Ein bunter Teller voller frischer Farben. Rote Tomaten, grüner Salat, violette Aubergine, gelber Mais, ein heller Joghurt-Dip – das tut mir irgendwie schon gut, während ich es zubereite. Überhaupt: Essen für mich selbst zuzubereiten, gut und intuitiv kochen zu lernen, zu begreifen, wie gutes Essen funktioniert, und mir ein gutes Abendessen zu kochen, das ich dann anrichte und genieße, ist ein so großer Entspannungsfaktor in meinem Alltag.

Arzttermine nicht verpassen

Vorsorgetermine wahrnehmen, mich darum kümmern, dass die eigene Gesundheit nicht nur dann wichtig wird, wenn ich akute Probleme spüre, sondern dass sie ein wichtiger, integrierter Teil des Alltags wird.

frische Luft

Es geht gar nicht um die täglichen 10.000 Schritte oder sogar darum, die Zeit draußen direkt mit Sport zu verbinden. An der frischen Luft zu sein, sich Zeit für einen Spaziergang zu nehmen, zu schlendern, eine Stunde im Park oder Wald zu verbringen, ist ein fester Bestandteil meiner Routine. Je stressiger mein Tag ist, desto mehr achte ich darauf, dass ich mir dennoch eine Pause nehme, das Haus verlasse oder auf dem Heimweg von der Bahn noch einen Umweg laufe.

Birdwatching

Versuche es, es macht irgendwann fast ein bisschen süchtig. Davon schreibe ich ja nicht zum ersten Mal.

wieder Lesen lernen

Was ich damit meine? Wieder zu lernen, mich auf ein Buch oder einen Artikel zu konzentrieren, nicht permanent zum Handy zu greifen. Mich mindestens einmal in der Woche auf ein paar Kapitel oder Essays einzulassen, einfach aufzunehmen, Neues zu lernen und mir gleichzeitig auch Zeit dafür lassen, das Gelesene zu reflektieren.

Aromatherapie

Eine Stunde, bevor ich schlafen gehe, lüfte ich unser Schlafzimmer und diffuse für zehn Minuten Aromen wie Lavendel, Sandelholz oder Bergamotte. Mittlerweile hat mein Gehirn die Aromen mit Entspannung und Ruhe verknüpft, und ich spüre den positiven Effekt auf mein Wohlbefinden sofort.

auf den eigenen Schlaf achten

Direkt mit dem oberen Punkt verbunden! Es geht dabei nicht darum, möglichst viel zu schlafen, sondern herauszufinden, wie wir tiefer und gesünder schlafen. Ich habe ein halbes Jahr lang mit einem Sleep Tracker meinen Schlaf trainiert und wache mittlerweile intuitiv und ausgeruht nach 6,5 Stunden Schlaf auf.

Außerdem eine positive Routine, die mich sofort glücklicher macht: mein Bett machen. Jeden Morgen ziehe ich meine Bettdecke glatt, richte die Kissen und komme so am Abend in einen beruhigten, ordentlichen Raum zurück.

Eat the frog!

Für mich eine der besten Methoden, um mir in Phasen, in denen ich mich überwältigt von meinen Aufgaben fühle, meinen Arbeitsalltag zu strukturieren und mir Sicherheit zu geben! *Eat the frog* geht auf Brian Tracy zurück und bedeutet, dass wir das Schwierigste oder Unangenehmste auf unserer Aufgabenliste morgens als Erstes erledigen, damit wir es aus dem Weg räumen und den Rest des Tages leichter bewältigen können.

Heißt: die Mail der Steuerberaterin direkt aufmachen, Rechnungen bezahlen oder eine aufgeschobene Aufgabe pro Tag erledigen, um so die negativen Stressfaktoren abzubauen.

Kreativität ausleben

Ein DIY-Projekt in der eigenen Wohnung beginnen, zeichnen oder malen, analoge Fotografie ausprobieren – mich macht es glücklich, nach der Arbeit oder an einem regnerischen Sonntag Zeit damit zu verbringen, etwas zu gestalten oder herzustellen. Ich bin vor ein paar Monaten ganz spontan mit Freunden in einem Töpferkurs gelandet und habe es so genossen, dass ich direkt eine Reihe von Workshops gebucht habe, um noch mehr über Ton und seine Verarbeitung zu lernen.

Freiwilligenarbeit

Gemeinsam mit anderen Menschen an einer guten Sache zu arbeiten, Teil einer Community zu sein, die hilft, einen Beitrag leistet, ohne dafür etwas zu erwarten. Es tut mir gut, mich gerade in aufreibenden oder überwältigenderen Phasen meines Alltags daran zu erinnern, dass die Welt sich nicht um mich dreht, sondern ich ein Teil von ihr bin. Ich habe für mich die Seevogel-Station in Kapstadt als einen Ort entdeckt, an dem ich einen positiven Beitrag leisten und freiwillig helfen kann.

#29

Ein Moment unter Frauen

»Möchtest du einen Kaffee?« ist die erste Frage, die sie mir jemals stellt, gleich nachdem sie mich umarmt. Noch bevor sie mich fragt, wie es mir geht oder wie die Fahrt war.

Ich nicke. Ein Kaffee klingt gut, an einem Kaffee kann ich mich festhalten, was solche Treffen immer irgendwie leichter macht. Es ist das erste Mal seit langer Zeit, dass mich jemand seiner Familie vorstellt. Wobei ich nicht einmal weiß, ob er mich wirklich vorstellt – immerhin wissen wir beide noch nicht einmal, was aus uns werden könnte. Ob etwas aus uns werden könnte.

Aber von vorn. Es ist ein Mittwoch im März 2020, und es ist der Tag vor dem südafrikanischen Lockdown während der ersten Pandemiewelle. Ich kenne Chris seit ein paar Wochen, seit ein paar Treffen. Als er mich fragt, ob ich den Lockdown zusammen mit ihm auf der Farm seiner Eltern verbringen will, sage ich Ja.

»Du verbringst drei Wochen mit der Familie eines Typen, den du kaum kennst? Tausende Kilometer von Kapstadt entfernt, irgendwo in der Pampa?«, fasst Maggs zusammen, als ich ihr von seinem Angebot erzähle, und ich nicke. Ich bin schon immer der Typ für ein spontanes Abenteuer gewesen. Wie auch immer es werden wird, es ist eine neue Erfahrung, die mich an einen neuen Ort bringt und eine gute Geschichte sein könnte.

Also steige ich ein, fahre mit Chris gut 1400 Kilometer quer durch Südafrika und komme nach einer Übernachtung und insgesamt 19 Stunden Fahrt auf einer Farm in der Nähe von Ermelo an. Kilometerweit gibt es hier nichts als Felder und Seen, kaum Netzempfang und immer wieder vereinzelte Farmen. Auf einer von ihnen haben wir gerade geparkt.

»Das ist Lina«, sagt Chris, als seine Mutter uns am Auto begrüßt. Und dann schiebt er noch schnell so etwas hinterher wie: »Aber wir wissen noch nicht, ob wir uns daten.« Also ja, ein Kaffee klingt gut.

Aus dem ersten Kaffee wird später noch ein gemeinsamer Spaziergang über die Farm, aus dem Spaziergang eine Einladung zum Abendessen, und noch davor machen wir einen Wein auf. Vielleicht hilft es, dass ich nicht dabei bin, die Mutter meines neuen Freundes kennenzulernen – sondern Esbie. Vielleicht ist es einfach, weil wir uns ohne jede Hierarchie, ohne vorgeformte Rollen begegnen können. Vielleicht helfen der Rotwein und die Ungewissheit der Pandemie, die uns alle hier ein bisschen enger zusammenschweißt, vielleicht sind wir uns einfach auf Anhieb sympathisch. Womöglich lernen wir beide einfach gern neue Menschen kennen. Zwischen uns gibt es kein förmliches Abtasten, keinen subtilen Scan, den man trotzdem durchschaut. Sie fragt mich nicht aus, und ich mache ihr nichts vor. Wir erzählen uns voneinander, es fühlt sich ungezwungen und ganz natürlich an. Esbie ist nicht ausufernd, überschreitet nicht direkt jede Distanz, wahrt sie aber auch nicht um jeden Preis. Sie ist nicht reserviert, sie ist genauso wenig überwältigend – sie ist einladend. Ich fühle mich wohl in ihrer Nähe, denn sie fühlt sich ehrlich an.

Drei Jahre später hat sich nichts daran geändert. Außer, dass sie heute tatsächlich die Mutter des Mannes ist, den ich heiraten werde.

Ich würde Chris allein schon wegen seiner Mutter heiraten, sagen meine Freundinnen manchmal scherzhaft und fügen dann noch hinzu: »Du hast wirklich ein wahnsinniges Glück, dass ihr einfach so geklickt habt.« Für die meisten meiner Freundinnen ist die Beziehung zu ihrer Schwiegermutter höflich, respektvoll und beruht auf gegenseitiger Rücksicht. Für noch mehr Frauen ist sie sogar reserviert, oftmals angespannt oder aufgeladen.

Irgendwann fragte ich, während ich für eine neue Podcastfolge recherchierte, meine Community nach ihrer Beziehung zur Mutter ihres Partners. Mehr als 800 Frauen beschrieben ihre Beziehung zu ihrer Schwiegermutter als kompliziert. Gerade einmal 300 sagten, sie wäre familiär, und nur sehr wenige benutzten das Wort »liebevoll«. Die Gründe dafür sammelten sich in meiner Inbox. In sehr persönlichen Erfahrungen erzählten die Frauen mir von verfahrenen, sexistischen Vorstellungen oder kulturellen Unterschieden, von territorialen Konflikten oder kollidierenden Lebensplänen:

»Meine Schwiegermutter hat diese ganz bestimmte Vorstellung davon, was eine Frau ausmacht. Wie sie kochen, wie sie putzen, was sie tragen sollte, um sich als Ehefrau zu qualifizieren. Es fühlt sich manchmal an, als würde sie alle Erwartungen, mit denen sie seit Jahrzehnten belastet wurde, endlich mit Schwung auf mich abwerfen.«

»Ich glaube, die Mutter meines Freundes lebt an mir ihre zutiefst misogyne Vorstellung davon, wie eine Frau sein sollte, aus. Nicht einmal sie selbst könnte all diesen Anforderungen, die sie an mich stellt, entsprechen, und ich glaube, es gibt keine einzige Frau, die so leben und dabei glücklich sein könnte!«

»Manchmal frage ich mich, ob genau das vielleicht der Punkt ist«, antwortete ich. »Dass Frauen es anderen Frauen nicht einfach machen wollen, weil sie es selbst ja auch nicht leicht hatten. Wenn du immer bewertet wirst, fühlt es sich vermutlich fast schon befreiend an, selbst zu bewerten.«

»Bei unserem ersten Treffen sagte meine Schwiegermutter mir offen ins Gesicht, dass ich mir ihren Respekt erst verdienen müsste und sie mich testen würde. Dass eine Frau in ihrem Haus nichts geschenkt bekommen würde.«

»Wow«, antwortete ich, »Männer bekommen im Job ein Budget und Verantwortung, Frauen die Chance, sich zu beweisen. Männer werden in Familien willkommen geheißen, Frauen werden getestet.«

»Meine Schwiegermutter ist Nigerianerin. Und es ist nicht nur die Sprachbarriere, die dafür sorgt, dass wir uns einfach nicht verstehen können. Die Lösung für Probleme in ihrer Ehe ist es, zu schweigen, sich bedingungslos unterzuordnen. ›Du musst deinem Mann eine gute Köchin im Haus und in der Öffentlichkeit eine zurückhaltende Begleiterin sein. Es ist deine Aufgabe, ihm jede Arbeit im Haushalt abzunehmen und ihm jeden Wunsch zu erfüllen. Er verdient deinen Respekt und niemals deine Wut‹ sind Sätze, die sie immer wieder sagt und die für sie eine Art Credo sind. Für mich ist allein die Vorstellung, dass sie diese Ansicht auch ihrer Tochter mitgibt, beinahe unerträglich. Unser Verhältnis ist ein ständig schwelender Konflikt, ich manövriere mich eigentlich permanent in einem sicheren Abstand um sie herum.«

»Auf einem gemeinsamen Familienwochenende sperrte sich meine Schwiegermutter weinend in ein Badezimmer ein, weil mein Freund auf die Frage, wer die wichtigste Frau in seinem Leben sei, mit meinem Namen geantwortet hatte. Ich war davon so überrumpelt, dass ich danach unbedingt mit ihr sprechen wollte, aber bis heute tut sie so, als hätte es den Vorfall nie gegeben.«

»Ich habe einmal gehört, wie meine Schwiegermutter einer Freundin erzählte, dass sie enttäuscht darüber sei, dass ihr Sohn mit mir zusammen ist. Ich sei zwar nett, aber ein bisschen langweilig, und er hätte eine viel schönere Frau verdient.«

»Die Familie meines Partners ist kompliziert. Es gibt eine Menge Unausgesprochenes und ein paar toxische Dynamiken, die von allen Familienmitgliedern nur noch frustriert ignoriert werden.

Die Mutter meines Freundes erwartete zum Beispiel, dass ich seine Schwester genauso ablehnend behandle, wie sie es tut. Es war für sie selbstverständlich, dass ich auf ihrer Seite war. Sie nannte ihre eigene Tochter immer wieder ›einen schlechten Menschen‹. Als ich mich nicht daran hielt, sondern alle Familienmitglieder offen kennenlernen wollte, flippte sie aus. Als mein Freund ihr daraufhin die Stirn bot und sie aufforderte, mich nicht zum Teil des Konflikts zu machen, eskalierte die Situation komplett. Seitdem ist sie der Meinung, dass ich das Problem bin, das die Familie durcheinanderbringt.«

»Wie geht der Rest der Familie damit um?«, fragte ich nach.

»Die Schwester meines Freundes nahm die Situation zum Anlass, um ihre Familie aggressiv davon zu überzeugen, dass ihre Mutter *irre* sei. Sie sah in mir quasi sofort eine Verbündete. Als ich klarmachte, dass ich weder die eine noch die andere für einen schlechten Menschen oder sogar verrückt hielt, hatte ich das Gefühl, dass ich mich bei beiden ins Aus manövriert hatte. Die Situation in der Familie ist für mich auch darum immer anstrengend, weil ich entweder der Spielball zwischen den beiden bin oder, falls ich mich wehre, das Problem.«

»Ich weiß, wie du dich fühlst«, antworte ich. Denn ich habe schon einmal in einer ähnlichen Situation gesteckt.[7]

»Weißt du, was mich an all den Geschichten, die ich da im Moment lese, am meisten triggert?«, fragte ich Maggs während eines gemeinsamen Mittagessens. Einmal in der Woche gingen wir gemeinsam zum Lunch, besprachen kommende Termine unserer Firma und nahmen uns Zeit für die Gedanken der anderen. Ich hatte die letzten zwei Tage tief in den Erfahrungen anderer Frauen gesteckt, viele Gespräche geführt und mich immer wieder gefragt, wer wirklich für die angespannte Dynamik zwischen Frauen verantwortlich war, wo sie begann und wie sie enden konnte. Ich liebe es, meine Artikel oder Themen mit ihr zu diskutieren, mir ihren Input und oftmals eine weitere Perspektive zu einem Thema zu holen.

»Wenn ich diese Folge veröffentliche, wenn ich diese Geschichten erzähle, dann werden vermutliche fast alle Hörerinnen vollkommen selbstverständlich das Verhalten der Schwiegermütter kritisieren. Und natürlich vollkommen zu Recht. Denn das, was in diesen Erfahrungen passiert, das sind Grenzüberschreitungen, das ist Misogynie, und das ist vor allem toxische Rivalität, die an anderen Frauen fast schon ziellos ausgelebt wird. Aber das Problem ist ja: Wenn wir einander zustimmen, dass diese Art von Missgunst und Eifersucht keinen Platz zwischen Frauen haben sollte – wieso stirbt sie dann nicht aus? Wieso wächst sie weiter? Wieso ist sie so allgegenwärtig für so viele Frauen?« Ich lehnte mich frustriert zurück in meinen Stuhl und trank einen Schluck von meinem Wasser. »Es ist ein bisschen wie mit Müttern auf Social Media. Neun von zehn Müttern sprechen sich gegen *mombashing* aus, aber gleichzeitig werden neun von zehn Müttern dennoch bewertet und verurteilt. Wo kommen die Hater, die ganzen vorverurteilenden Kommentare von vorrangig anderen Frauen denn her, wenn wir doch eigentlich alle dagegen sind?«

»Das ist doch beim Thema *bodyshaming* das Gleiche«, antwortete Maggs. »Neun von zehn Frauen finden, dass man den Körper einer Frau nicht kritisieren sollte. Dass wir das Recht dazu haben, das zu tragen oder zu mögen, was auch immer uns glücklich macht. Und trotzdem werden neun von zehn Frauen bewertet. Manchmal nur zwischen den Zeilen, manchmal sorgfältig verpackt, sodass die internalisierte Misogynie nicht direkt auffallen soll, aber trotzdem gut sichtbar bleibt. ›Wenn man weibliche Kurven *so* verpackt, finde ich sie auch toll!‹, ›Wow, mutig, dass du dich so zeigst!‹« Sie rollte mit den Augen und schüttelte den Kopf. »Für so viele Frauen da draußen sind noch immer erst das Äußere, die eigene Schönheit und dann der Partner oder die Ehe der Großteil der eigenen Identität. Und dann irgendwann kommt das eigene Kind dazu. Und vielleicht sogar ohne dass du es bemerkst oder beabsichtigst, wird dein Kind zum Mittelpunkt, deine eigenen Interessen und Beziehungen treten zurück. Am Anfang ist das gewollt, es fühlt sich richtig und nobel an, sich selbst für einen anderen Menschen zurückzunehmen. Später sagst du dir dann: Das ist natürlich nicht für immer. Aber irgendwann, wenn du zulässt, dass deine Welt immer kleiner wird, wird sein oder ihr Leben zu deiner Identität, zu deiner Quelle für Anerkennung und Liebe.«

Ich nickte. Dann führte ich Maggs' Gedanken noch ein bisschen weiter. »Oder aber du spielst in deiner Familie, bei deinem Partner, in deinem Job, in deinem gesamten Alltag von Anfang an immer nur eine untergeordnete Rolle. Lediglich für deine Kinder darfst du, *und nur du*, der wichtigste Teil ihres Lebens sein. Wieder geht es um Anerkennung und darum, was für ein großartiges Gefühl es ist, für jemanden etwas Besonderes zu sein, einer der wichtigsten Menschen überhaupt. Natürlich willst du das ungern teilen.«

Hurt people – hurt people, dachte ich. Manchmal kam es mir unmöglich vor, diesen Kreislauf zu durchbrechen. Niemand wollte ein Teil von ihm werden, und trotzdem verlor er nie an Geschwindigkeit.

»Stell dir vor, du bist der einzige Sohn und musst deinen Vater stolz und deine Mutter glücklich machen. Ich hab noch nie darüber nachgedacht, was für einen Druck das bedeuten kann«, sagte Maggs.

»Und jetzt stell dir vor, du bist die Freundin dieses Sohnes«, antwortete ich.

Ein paar Tage später treffe ich mich mit Esbie auf ein Glas Wein in einer meiner Lieblingsbars in Kapstadt. Alle zwei oder drei Monate schaffen wir es, uns für ein paar Tage oder zumindest ein Abendessen zu sehen. Ich schenke uns beiden ein, und wir stoßen kurz an.

»Kann ich dich etwas fragen?«

»Alles!«, antwortet sie und lächelt mich an.

»Hast du zu Chris' anderen Freundinnen auch ein gutes Verhältnis gehabt?«

Sie überlegt einen Moment. »Hmm – ich glaube schon. Oder ich hoffe zumindest, dass es so war.«

»Was meinst du?«

»Ich habe mir immer vorgenommen, dass ich die Partner meiner Kinder mögen werde. Dass es mir wichtig ist, dass sie sich willkommen fühlen, als ein Teil der Familie. Aber nicht immer klickt es so – wie bei uns, zum Beispiel. Manchmal hat man wenig gemeinsam, manchmal hat man nicht die Zeit, sich wirklich besser kennenzulernen. Aber das ist okay.« Sie sieht mich an. »Warum fragst du?«

»Ich mache mir gerade viele Gedanken um das Thema Schwiegermutter oder besser gesagt zu den Beziehungen, die

Frauen untereinander haben, und wie sie uns prägen. Hast du zum Beispiel nie das Gefühl gehabt, dass du deinen Platz in Chris' Leben verteidigen musst?«

Esbie nippt noch einmal an ihrem Wein und schüttelt den Kopf. »Unsere Beziehung bleibt nie einfach gleich. Manchmal sind wir uns nah, manchmal driften wir ein bisschen voneinander weg. Manchmal verstehen wir uns blind, und manchmal kann ich ihn nicht einmal dann verstehen, wenn er sich mir zum dritten Mal erklärt. Und das ist okay. Wir finden uns schon wieder. Darauf können wir beide gleichermaßen vertrauen. Aber ich glaube, was viel wichtiger ist: Ich weiß, wie schwer es ist, sich nicht nur zu verlieben, sondern einen Menschen zu finden, der vielleicht zu dir passt, der dich versteht und bei dem du dich richtig fühlst. Chris kann so kompliziert sein, ach, wir alle können kompliziert sein. Wann immer er also jemanden findet, für den er in seinem Leben Platz machen möchte – tue ich das auch. Aber es fällt mir auch nicht schwer.«

»Es klingt so einfach aus deinem Mund, so normal und natürlich.«

Sie muss lachen. »Bitte glaub nicht, dass ich so viel weiser als alle anderen bin. Ich benehme mich genauso oft wie alle anderen auch mal albern oder kann einfach nicht aus meiner Haut. Ich habe Streits, die ich einfach nicht überwinden kann, oder stehe mir selbst im Weg.«

»Aber du bist dir dessen wenigstens bewusst.«

»Und trotzdem bringe ich es manchmal nicht über mich, mich einfach zu ändern.«

»Manchmal glaube ich, dass viele Frauen so erschöpft von all den Entbehrungen oder Kämpfen oder auch einfach müde von den Enttäuschungen oder den unfairen Unterschieden sind, dass sie der Gedanke rasend macht, eine andere, eine Jüngere könnte es leichter haben«, sage ich.

»Vielleicht. Aber vielleicht geht es am Ende auch nur darum, den eigenen Platz zu wahren. Frauen wird eben immer wieder erzählt, dass nur ein paar von uns es nach oben oder ans Ziel schaffen. Sind wir einmal angekommen, haben wir das Gefühl, uns immer noch verteidigen zu müssen, sehen die Nähe von anderen Frauen als drohende Gefahr an. In Familien ist das dann oft entweder die Beziehung zum eigenen Partner oder die zu den Kindern.«

Und wieder gewinnt der fucking Sexismus, denke ich. Und das Schlimmste ist: Wir erledigen die Arbeit, er muss sich nicht einmal anstrengen. »Hast du nie das Bedürfnis gehabt, eine andere Frau – zu testen? Erst einmal abzuwarten, ob sie sich den Platz in eurer Familie auch verdient hat?«

Esbie denkt für einen Moment nach, dann zuckt sie mit den Schultern. »Nicht dass ich wüsste. Mich hat ja auch niemand getestet, bevor ich meinen Sohn oder meine Tochter bekommen habe, bevor wir eine Familie geworden sind. Und wer weiß, ob ich auf Anhieb bestanden hätte, ob ich von Anfang an einen Platz in meiner eigenen Familie verdient hätte. Ob ich immer die Mutter war, die sie verdient hätten. Ich hoffe einfach, dass ich es irgendwann geworden bin.«

Vielleicht können wir nicht ändern, wie andere Frauen aufwachsen, was ihre Erfahrungen mit ihnen machen, wie sie anderen Frauen begegnen. Aber wir können entscheiden, wie wir auf sie reagieren. Wenn du deinen nächsten Schritt immer nur an den Reaktionen anderer festmachst, bleibst du ferngesteuert, bleibst irgendein Teil eines Kreislaufs, der niemanden wachsen lässt. Ich will nicht weniger geben, nur weil ein anderer Mensch zu viel genommen hat. Ich will nicht weniger fühlen, nur weil schon einmal jemand meine Gefühle verletzt hat. Ich will nicht müde werden, meine Welt und die Menschen darin wachsen zu lassen, wann immer es sich gut anfühlt.

Die Nähe anderer Frauen ist für mich keine Bedrohung, sondern eine Bereicherung, so oft meine größte Inspirationsquelle. Meine Mutter, von der ich meinen Biss habe, meine beste Freundin, bei der ich mich zu Hause fühle, die Schwester, die ich mir aussuchen durfte, die Oma, die ich schon viel zu früh vermissen musste, die Lehrerin, die wirklich etwas in mir bewegt hat, die Fremde, die meinen Tag geändert hat - die Schwiegermutter, mit der ich gerade nicht nur ein Glas Wein, sondern auch eine feste Umarmung teile. Keine Frau in meinem Leben könnte einer anderen den Platz wegnehmen, keine eine andere ersetzen. Sie alle machen mich aus.

#30

Ein Moment des Wachstums

Es gibt Momente in unserem Leben, in denen wir augenblicklich wachsen.

Wer wir sind, was oder wen wir lieben oder wo wir sein wollen, verändert sich in einem Sekundenbruchteil. Du spürst sofort, dass du dich verändern willst, verändern wirst.

Es ist eine beinahe berauschende Klarheit, die wir fühlen, wenn wir bereit für das nächste Kapitel sind. Bereit, unseren Job zu kündigen, bereit, Mutter zu werden, bereit, uns für einen Menschen oder für unsere Freiheit oder für einen neuen Ort zu entscheiden. Ich spüre sie, als ich mein Studium abbreche, als ich zum ersten Mal auf meinem Stück Land in Südafrika stehe, als ich das Manuskript zu meinem ersten Buch abgebe. Ich weiß in diesen Momenten genau, dass etwas Neues anbricht oder mein Leben seinen nächsten Schritt tut.

Aber es gibt auch Elemente des Wachstums, die allmählich, langsam oder sogar unbewusst geschehen. Die anfangs nur ein stiller Teil unserer Veränderung sind, bis wir sie wirklich bemerken. Die Art und Weise, wie wir auf Stress reagieren, ist anders, irgendwie gelassener. Die Art und Weise, wie wir uns selbst wahrnehmen, ist plötzlich wärmer. Die Art und Weise, wie wir unseren Tag beginnen, ist so viel offener. Und auf einmal begreifen wir, dass unser Leben uns immer wieder erlaubt, es neu zu entdecken, anders zu sein, als wir es gestern waren, ohne uns dabei auch nur im Geringsten zu verlieren.

Ich habe für eine lange Zeit meines Lebens geglaubt, dass ich mich auf einer Reise befinde, die ein festes Ziel hat. Dass es irgendwann diesen Zeitpunkt gibt, an dem ich *ankomme*. Dass ich eines Tages aufwache und sagen kann: »Das war's! Ich bin da. Ich habe alles gesehen, ich habe alles probiert. Ich weiß, was ich will, ich habe, was ich will, ich bin nicht mehr unsicher, ich bin nicht mehr zwiegespalten, es gibt keine Zweifel mehr. Ich habe ab jetzt alle Zeit der Welt, mich jeden Tag übersprudelnd glücklich zu fühlen.«

Für mich hieß Glück sehr lange die Erfüllung verschiedener Erwartungen, die ich an mich selbst gestellt hatte. Ich strebte mit meinem Körper, meinem Look, meinem Job, meiner Wohnung, selbst mit meinen Dates oder auf meinen Reisen immer einen Endpunkt oder zumindest eine Zwischenstation an. Einen Moment, in dem ich überfüllt von Glück, frei von Selbstzweifeln oder Urteilen mich selbst genießen konnte.

Heute kommt es mir fast albern vor, wie sehr wir uns alle nach diesem fremdgesteuerten Zustand sehnen, in dem sich alles um uns herum so vollkommen anfühlen soll, damit wir es endlich auch sind. Wie sehr wir ihn jagen und zum Zentrum unserer Reise machen. Die Jagd nach dem Glück, nach der optimierten, perfektionierten Positivität, nach diesem Rausch in absoluter Oberflächlichkeit.

Ich meine, versteht mich nicht falsch: Natürlich liebe ich es noch immer, mich ein Festival lang vor lauter Euphorie beinahe aufzulösen oder mich in einem neuen Land, in neuen Entdeckungen so sehr zu verlieren, dass der Rest der Welt sich auf einmal unwichtig anfühlt. Ich liebe es, mich für ein paar Sommertage von all dem Vitamin D und all der Leichtigkeit anstecken zu lassen, stundenlang im Meer zu schwimmen. Nicht einmal zu bemerken, wie die Nachmittage und Sonnenuntergänge ineinanderfließen. Ich liebe es – weil es nicht alles ist, was ich fühlen oder erleben könnte. Ich will gar nicht permanent so wunschlos glücklich sein. Es würde mich zu Tode langweilen, jeden Tag das Gleiche zu fühlen.

Wie wenig Glück allein mir bedeutet, begann ich, zu verstehen, als ich es auf einmal ständig fühlte. Meine ersten drei oder vier Monate in Kapstadt waren genau das: glücklich. Ich vertiefte meine Beziehung zu Chris, ich zog in ein Office auf der Bree Street, ich fand die vermeintlich perfekte Architektin, um mit dem Bau meiner Cabin zu beginnen. Jeder Morgen begann mit einem Spaziergang am Strand oder einem Kaffee vorm Clarke's, meine Arbeit beendete ich, wann immer ich genug von ihr hatte, meine Wochenenden verbrachte ich an der Westküste oder in den Winelands. Ich schwebte in einer Aneinanderreihung von guten Momenten, die zwar auf den ersten Blick so individuell schienen, aber alle das Gleiche in mir auslösten. Glück. Glück, das ich kaum noch unterscheiden konnte. Glück, das zu einer

Routine wurde. Was treibt uns noch an, wenn Glück das große Ziel sein soll? Wie glücklich sind wir, wenn wir vor lauter Glück stillstehen?

»Lang lebe die Selbstsabotage?« Maggs rollt mit den Augen und schüttelt den Kopf, während ich eines Abends versuche, in Worte zu fassen, was ich fühle. »Ich meine, was für ein privilegiertes Problem ist das eigentlich, zu glücklich zu sein?«

Ich nicke, gebe ihr ja sogar recht und fühle mich sofort schuldig.

»Ich glaube, die wenigsten Menschen auf unserem Planeten haben jemals die Chance, so glücklich zu sein, dass es sie langweilt oder stillstehen lässt«, sagt sie.

Ich nicke wieder. »Das meine ich auch gar nicht.«

»Was dann?«

Ich zögere, bin mir ja selbst nicht sicher, was ich sagen will. »Geld allein macht uns nicht glücklich. Ich glaube, wir alle wissen das.«

»Ja – und weiter?«, fragt sie mich.

»Was, wenn Glück allein uns auch nicht glücklich macht?«

Was ich eigentlich fragen will, ist: Was, wenn Glück allein eine einzige Sackgasse ist? Was, wenn es nie das Ziel war und wir es erst verstehen, wenn wir es länger als einen Augenblick erreichen?

Und endlich beginne ich, zu begreifen, dass ich mich nie danach gesehnt habe, nur noch eine einzige Emotion zu fühlen, nur noch dieselbe Version von mir zu sein. Ich fürchte mich nicht davor, jemals wieder unglücklich zu sein, sondern davor, stillzustehen.

Ich habe Angst davor, dieselbe zu bleiben, mich so wohl in einer auserzählten Version von mir zu fühlen, dass ich aufhöre, noch mehr von mir entdecken zu wollen. Ich habe Angst davor, immer wieder dieselben Gedanken zu denken, die ich vor einem Jahr gedacht habe. Die gleichen Gespräche mit den gleichen Menschen zu führen, noch immer das gleiche Essen zu bestellen, noch immer die gleichen Probleme zu wälzen oder die gleichen Erfolge zu feiern, noch immer die gleichen Songs zu hören, immer wieder dieselben Orte zu besuchen, noch immer die gleichen Grenzen zu fühlen. Für mich bedeutet das, dass ich mich nicht genug angestrengt habe, um mehr zu entdecken, mich selbst herauszufordern, meinen Horizont zu erweitern. Eine Welt, die stillsteht, dreht sich irgendwann nur noch um sich selbst. Eine Welt, die nicht wächst, wird unweigerlich kleiner.

Glück ist nicht das Ziel – Glück ist ein Begleiter, den ich in vielen Momenten finde, die mir begegnen. Glück taucht in immer wieder neuen Formen auf, während ich unterwegs bin. Manchmal ist Glück ein Pflaster, manchmal eine Rettung, manchmal ein Zufall, ein Entkommen. Manchmal ist es der eine Song, mit dem du nicht gerechnet hast, ein Fremder, in den du hineinstolperst, die erste Unterhaltung, die du in einer neuen Sprache führst, die Trennung, die du dringend brauchtest, eine Umarmung deiner Mutter. Glück begegnet, begleitet, beflügelt, beruhigt und berauscht uns. Glück ist ein gewonnener Streit, ein paar vertanzte Schuhe. Manchmal ist Glück Unvernunft, manchmal ein Wodka Shot, manchmal die Aspirin, die wir noch in einer Handtasche finden, der Döner nach Mitternacht. Manchmal ist Glück eiskaltes Wasser an einem zu heißen Tag in der Stadt, die perfekte Melone im Stadtpark, ein Tisch in einem ausgebuchten Restaurant, ein Meerblick, ein Stau, der sich auflöst, ein Brief, auf den wir gewartet haben, ein Flugticket, auf das wir gespart haben, ein Aufbruch, den wir kaum erwarten können. Manchmal ist es ein kleiner Hund in deinem Schoß, manchmal ein Strauß frischer Blumen, ein bestandener Test, eine neue Perspektive. Glück ist, sich verstanden zu fühlen, Glück ist, zuzuhören und selbst besser zu verstehen. Glück ist, gerade noch rechtzeitig zu kommen, Glück ist ein ausgeschlafener Sonntag ohne Pläne. Manchmal ist Glück der Schmerz, der nachlässt, manchmal ist es das Eintreten von Klarheit. Wir finden Glück in der Sicherheit, im Unbekannten, in fremden und vertrauten Armen. Glück ist, manchmal so laut zu schreien, dass unsere Stimme sich aufreibt, so schnell zu laufen, dass wir unsere Beine nicht mehr spüren. Glück ist, ins Gras zu fallen oder das Gesicht in die Sonne zu halten. Glück ist, gesund zu werden. Glück ist, lieben zu können.

Glück ist - am Leben zu sein und wachsen zu dürfen.